Si alguna vez se sintió sobrecogido por las increíbles mujeres de la Biblia cuyas historias brillan más que los bordes dorados de las páginas del libro sagrado, *Mujeres terribles de la Biblia* será como un respiro de aire fresco. Ah, y no porque podamos vernos a nosotras mismas y nuestros fracasos reflejados en sus historias, sino debido a que Ann Spangler nos ayuda creativa y delicadamente a ver en sus historias a un Dios que redime y reorienta. Si usted busca un estudio a fondo que le ayude a ser una *inteligente terrible* en lo que respecta a vivir una vida que glorifique a Dios y les muestre a otros a Jesús, haga suyas las enseñanzas de este libro.

Karen Ehman

Conferenciante nacional del ministerio Proverbios 31 y autora de *Keep It Shut: What to Say, How to Say It, and When to Say Nothing at All,* un éxito de ventas del *New York Times.*

MUJERES TERRIBLES DE LA BIBLIA

TERRIBLE: **1.** moralmente malo: MALVADO. **2 a:** FEROZ (perro); **b:** dispuesto al mal: PÍCARO. **3 a:** repulsivamente desagradable: NAUSEABUNDO (olor); **b:** que causa o puede causar daño, angustia o problemas (tormenta). **4:** ir más allá de los límites razonables o predecibles; de calidad o grado excepcional (habilidad con las cartas).   *Noveno Nuevo Diccionario Colegiado de Webster*

TERRIBLE: muy, muy bueno, excelente, extremo en una gran forma; atractivo; impresionante. Ejemplo: «¡Ese concierto estuvo terrible!».

Diccionario del Argot Online

MUJERES TERRIBLES DE LA BIBLIA

Ann Spangler

La misión de Editorial Vida es ser la compañía líder en satisfacer las necesidades de las personas con recursos cuyo contenido glorifique al Señor Jesucristo y promueva principios bíblicos.

MUJERES TERRIBLES DE LA BIBLIA
Edición en español publicada por
Editorial Vida – 2016
Miami, Florida

© 2016 Ann Spangler
Este título también está disponible en formato electrónico.

Originally published in the U.S.A. under the title:
Wicked Women of the Bible
Copyright © 2015 por Ann Spangler
Published by permission of Zondervan, Grand Rapids, Michigan 49530
All rights reserved.
Further reproduction or distribution is prohibited.

Editora en Jefe: *Graciela Lelli*
Traducción: *Eugenio Orellana*
Edición: *Madeline Díaz*
Adaptación del diseño al español: *Grupo Nivel Uno, Inc.*

ISBN: 978-0-82976-460-4

CATEGORÍA: Religión / Vida Cristiana / Mujeres

IMPRESO EN ESTADOS UNIDOS DE AMÉRICA
PRINTED IN THE UNITED STATES OF AMERICA

16 17 18 19 20 21 DCI 9 8 7 6 5 4 3 2 1

Contenido

Introducción

$\mathscr{A}$ntes que se escribiera una sola palabra de la Biblia, ya sus historias e instrucciones se comunicaban oralmente. Aunque muchas culturas modernas se sustentan en la palabra escrita, las culturas antiguas desarrollaron fuertes tradiciones orales por medio de las cuales la información fue pasando de generación en generación.

Seguramente así fue como se preservaron las historias de las mujeres incluidas en este libro, contándose de generación en generación, tal vez alrededor de una fogata bajo un cielo salpicado de estrellas. Cuando el sol se ocultaba y se ponía fin al trabajo del día, la gente compartía una comida, se contaban las experiencias vividas en la jornada, y luego relataban las historias de su nación y su tribu deleitándose con los recuerdos de coloridos personajes, gente real a la que sus padres, abuelos y tatarabuelos habían conocido.

Desde sus primeros años, los niños tienen que haber pensado en las historias de mujeres como Abigaíl, Betsabé y Ester, no como crónicas de la antigüedad, sino como parte de la tradición de sus propias familias. A una mujer como Ester, por ejemplo, quizás se le recordaba como una tía querida en lugar de una reina de un lejano pasado.

Es posible que algunas historias desagradables como las de Jezabel o la enamorada de Sansón, Dalila, se hayan reservado para tarde en la noche, cuando los niños pequeños ya se habían ido a la cama. Conservadas con notable fidelidad por una fuerte tradición oral, estas y otras historias finalmente llegaron a formar parte de la Biblia que leemos hoy en día.

En *Mujeres terribles de la Biblia* he llevado a cabo mi máximo esfuerzo para volver a imaginarme algunas de las más fascinantes historias de algunas mujeres de la Biblia con el fin de traerlas a la vida de los lectores de nuestros días. Para ello he recurrido a técnicas de ficción así como a información sobre el trasfondo histórico y cultural, a fin de proveer tanto color como textura. En tal sentido, he procurado mantenerme cerca del texto bíblico para que los lectores de hoy puedan entender las historias de la misma forma que las entendieron aquellos que las recibieron hace miles de años.

Una de las cosas que hace creíble a las Escrituras es que estas historias desagradables se han conservado como parte de ellas. Para ser justos, tenemos que reconocer que la Biblia nunca intentó ocultar estas historias o encubrir a sus protagonistas. Incluso Sara, una matriarca a la que el Nuevo Testamento se refiere como una santa mujer, tuvo su lado oscuro, abusando de forma perversa de su criada Agar para luego echarla de la casa, enviándola al desierto con muy pocas probabilidades de sobrevivir. Y hay personajes aun mucho más malos que ella, como la reina Jezabel o Herodías y Salomé. Si la Biblia no fuera más que un libro agradable, varias de estas historias no habrían sido incluidas en la versión que leemos hoy día.

¿Por qué Dios las puso allí? ¿Por qué permitió que se recordaran historias tan desagradables? Para quienes creen que las Escrituras son la Palabra inspirada de Dios, estas y otras historias están en este libro por una razón: al volver a ellas, tratamos de descubrir lo que podemos aprender para nuestras propias vidas.

Los lectores también podrían preguntarse por qué mujeres como Abigaíl, Ester y Rut se incluyen en un libro sobre las mujeres terribles de la Biblia. Mi objetivo no ha sido simplemente poner de relieve las historias de algunas de las peores mujeres de la Biblia, sino también explorar las historias de las que podrían considerarse «terriblemente buenas» o «terriblemente inteligentes».

Para el que desee profundizar en sus historias, he indicado dónde se pueden encontrar en la Biblia. Todas terminan con una sección breve titulada «Los tiempos», la cual provee información adicional, y una sección titulada «Algo para pensar», que incluye preguntas diseñadas con el objetivo de estudiar más detenidamente de forma individual o en grupos de estudio bíblico.

Mientras más tiempo pase con estas y otras historias de la Biblia, más se dará cuenta de que la Biblia, de principio a fin, es el libro de historias más grande del mundo. Ya sea que esté familiarizado con estas historias o las esté leyendo por primera vez, espero que *Mujeres terribles de la Biblia* lo anime a buscar más, ayudándole a vislumbrar la bondad de Dios y las formas sorprendentes en que se revela a sí mismo en las páginas de la Biblia.

Como siempre, se necesita de alguien para publicar un libro y lanzarlo con algún grado de éxito. Le estoy agradecida a David Morris y a la editora asociada Sandy Vander Zicht, quienes apoyaron entusiastamente la idea de publicar este libro en cuanto supieron de él. Al discutir la forma en que debería aparecer, David sugirió que podría ser interesante usar la palabra *terribles* tanto en su sentido literal como en su sentido irónico, una idea que me pareció excelente. Como siempre, Sandy contribuyó con sus habilidades de redacción y experiencia al proyecto, proporcionando orientaciones que han ayudado tanto a darle forma al libro como a mejorarlo en incontables aspectos. Estoy agradecida por su ayuda así como por su papel de amiga, animadora y abogada del diablo, un papel que todo editor debe desempeñar. Cuando se trata de ayuda editorial, también estoy en deuda con Verlyn Verbrugge por los considerables aportes que me ha dado no solo en este libro, sino en muchos de los que he publicado a lo largo de mi carrera de escritora. Como no soy ni teóloga experta ni erudita bíblica, he confiado en su experiencia en estas áreas para estar segura de que lo que he escrito tiene un fundamento sólido. Gracias, Verlyn, por tu cuidadosa visión editorial y por la ayuda que tan generosamente me has dado a lo largo de muchos años.

Por el lado de la comercialización, también le estoy agradecida a Alicia Kasen, directora de mercadotecnia de Zondervan, por su creativo esfuerzo para difundir la noticia sobre este libro. También le expreso gratitud a mi agente, Sealy Yates, quien captó la visión sobre este libro tan pronto como se lo propuse. Le agradezco sus persistentes esfuerzos para ayudarme y sus sabios consejos, los que me han hecho sentirme confiada durante muchos años.

Aun con el mejor de los apoyos que un autor pudiera tener, es probable que haya puntos débiles y deficiencias en este libro. En el caso que así sea, asumo la total responsabilidad por ellos. No obstante, a pesar de los defectos que *Mujeres terribles de la Biblia* pudiera tener, mi esperanza ha sido compartir con mis lectores todo mi entusiasmo por estas antiguas historias y que la riqueza que contienen se siga revelando a los lectores de hoy.

CAPÍTULO 1

Una mentira terrible

LA HISTORIA DE EVA

Cómo la primera mujer creyó la primera mentira

*Nada hay tan engañoso como el corazón. No tiene
remedio. ¿Quién puede comprenderlo?*
Jeremías 17.9

Bzzz, bzzz. Ella espanta todas las moscas que puede, pero insisten en volver. Son demasiadas como para poderlas contar. Está acostumbrada a tales contrariedades. Las moscas son una entre muchas. Su lugar favorito para atacar es alrededor de los ojos, ya que allí pueden succionar las lágrimas antes que se asomen.

Aun así, Eva es una criatura espléndida, la mujer más bella del mundo en opinión de su esposo, una broma que lo hace reír. Tiene unos grandes ojos color miel, una piel suave y delicada, y una frondosa cabellera negra que se desliza como cascada por su espalda.

Eva tiene recuerdos, pero no muchos. Las imágenes se arremolinan en su cabeza, nítidas y refulgentes, junto con largas y profundas sombras.

Ella sabe lo que es caminar en el jardín de Dios, por senderos que serpentean a través de prados verdes y la conducen a aguas límpidas y tranquilas. Cuando tiene hambre, simplemente extiende el brazo para sacar de los árboles el alimento que crece en abundancia. Aceitunas, dátiles, cítricos, higos, uvas y granadas tan grandes que le tomaría varios días comerlas.

Recuerda lo que es tener cada sentido satisfecho, cada necesidad atendida. Caminar con Dios en el frescor del día. Conocer la inmensidad de su amor. Él le dice que la hizo a su imagen. Que ella y su esposo deben ejercer dominio sobre los peces del mar, las aves del cielo y todo el ancho mundo que ha creado. Que deben fructificar y multiplicarse para poder cuidar de su gran creación.

Les dice cómo separó la luz de las tinieblas y formó dos grandes lumbreras: la lumbrera mayor para dominar el día y la lumbrera menor para dominar la noche. Les habla de su deleite al poner las estrellas en sus sitios en el cielo. Para Eva, las estrellas se ven como pequeños puntos de luz brillante filtrándose a través del manto de la noche.

Escucha con asombro mientras él le dice cómo hizo un hogar para ella y Adán en el este del Edén, un jardín paradisíaco en el cual crece toda clase de árboles agradables a la vista y buenos para proporcionarles comida. En el centro del huerto crecen el árbol de la vida y el árbol del conocimiento del bien y del mal.

Recuerda también lo que Adán le ha dicho. Cómo Dios lo formó del polvo de la tierra. Aún se acuerda del cálido y dulce aliento de Dios trayendo su alma a la vida. A Adán le encanta recordar el día cuando Dios hizo desfilar a todos los animales frente a él: cocodrilos, mandriles, gacelas, lagartijas, cotorras, cuervos, leopardos, chorlitos, monos, guacamayos, pitones, ranas, cisnes trompetistas, yaks, zorros voladores, colibríes, garzas, elefantes, leones y grandes pavos reales. Dios y Adán disfrutaban viendo pasar a algunos animales de aspecto muy divertido. La mejor parte fue cuando Adán tuvo que ponerles nombre a todos.

En realidad, Eva conocía muy bien la escena, casi como si hubiera estado ahí y Dios aun no hubiese puesto a Adán a dormir para sacarla de su costado. Quizás el recuerdo perdurara desde cuando los dos habían sido uno.

Adán siempre le recuerda que incluso entre las criaturas más maravillosas que Dios había hecho, ninguna hacía pareja con él. Por eso fue que el Señor Dios lo hizo caer en un sueño profundo y, mientras estaba dormido, formó a una mujer de su costado.

El deleite de Dios era evidente cuando se la presentó a Adán y lo oyó exclamar:

«Ésta sí es hueso de mis huesos
    y carne de mi carne.
Se llamará "mujer"
    porque del hombre fue sacada».

Esta es la parte favorita de la historia para Eva. Le encanta escuchar a Adán cuando la cuenta. Lo sorprendido que estuvo cuando la vio. Su aliento, dice, tenía la fragancia de las manzanas, y sus pechos eran como racimos de fruta. Su boca era el vino más delicioso.

Eva y Adán. Adán y Eva. Cada uno complementando al otro. Ella sonríe al recordar su vida juntos en el Edén.

Recuerda también lo que en un principio no sabía: que podría haber un lugar menos perfecto, una vida menos placentera, un futuro menos brillante. Que el pecado podría estar acechando a la puerta, esperando la oportunidad para derribarnos y destrozarnos en mil pedazos, cada uno con una espina y una púa. Engaño, culpa, miseria, vergüenza y dolor terrible. Todo esto y peor ya lo ha conocido.

Regresa a sus recuerdos de lo que una vez fue. Piensa en todas aquellas plantas en el paraíso y los deliciosos frutos que producían. Los árboles eran hermosísimos. Palmeras majestuosas, nudosos olivos, robles enormes e higueras perfectas para jugar con Adán a las escondidas. Sin embargo, sobre todos, amaba aquellos que crecían en el centro del jardín. Uno tenía brillantes hojas verdes iluminadas con pequeñas luces que danzaban en su interior. El otro tenía hojas de un púrpura profundo con venillas color rojo.

¿Por qué, se preguntaba, les había dicho Dios que eran libres de comer de cualquier árbol del jardín, excepto del árbol del conocimiento del bien y del mal, advirtiéndoles que si comían de él les sobrevendría una muerte? ¿Qué era precisamente eso sobre la muerte de que les había hablado?

Un día, mientras se encontraba concentrada en estos pensamientos y caminaba con Adán por el centro del jardín, se les apareció una serpiente. La serpiente no era una criatura cualquiera, sino la más astuta de todos los demás animales salvajes que Dios había creado. La serpiente le habló en un tono seductor. «¿Realmente Dios les dijo: "No deben comer de todos los árboles que hay en el huerto"?». ¿Por qué, preguntó, un Dios tan bueno habría de negarles lo que quisieran? ¿No fueron ella y Adán la corona de su creación?

En ese momento, a Eva se le ocurrió que posiblemente había algo vital que Dios le estaba ocultando y que ella necesitaba conocer. No obstante, tales pensamientos la asustaron, por lo que simplemente dijo: «Podemos comer del fruto de los árboles en el huerto, pero Dios dijo: "No deben comer el fruto del árbol que está en medio del jardín, ni lo tocarán porque si lo hacen, morirán"».

«No van a morir», le dijo la serpiente. «Porque Dios sabe que cuando coman el fruto, sus ojos les serán abiertos, y serán como Dios, sabiendo el bien y el mal».

Saber lo que es bueno en cada situación. Ver el final desde el principio y todo lo que está entre estos dos puntos. Ser capaz de alcanzar una meta con precisión impecable y certeza absoluta, sin duda esto era sabiduría. ¿Por qué Dios querría mantener este don poderoso lejos de ella?

Se volvió a Adán como buscando una respuesta a su pregunta silenciosa, pero él no le dijo nada. Ahora estaban cerca del árbol. Tomando un fruto, lo mantuvo en la mano, deleitándose con la firmeza de su pulpa.

Cuando vio que no sucedía nada, le dio un mordisco y luego otro, hasta que se lo hubo comido todo.

Entonces asió otro fruto del árbol y se lo entregó a Adán, quien se lo comió sin la más mínima protesta.

Y de pronto, se les abrieron los ojos y pudieron ver el mal cada uno en el corazón del otro. Avergonzados por su desnudez, cosieron hojas de higuera con las que se cubrieron.

En ese momento Eva y Adán escucharon un ruido que los asustó. Dios venía caminando por el jardín. Se escondieron. Dios los llamó: «¿Dónde están?».

¿Pero quién puede esconderse de Dios?

«Escuché que andabas por el jardín, y tuve miedo porque estoy desnudo. Por eso me escondí», contestó Adán.

Entonces Dios, que ya conocía la respuesta a su pregunta, inquirió: «¿Y quién te ha dicho que estás desnudo? ¿Acaso has comido del fruto del árbol que yo te prohibí comer?».

Buscando la manera de explicarse, el esposo de Eva le dijo la verdad, pero no toda la verdad. Comenzó con una insinuación, culpando a Dios por lo que había hecho. ¿No había sido Dios quien le había dado a la mujer? Luego, apuntando en dirección a donde estaba Eva, dijo: «La mujer que me diste por compañera me dio de ese fruto, y yo lo comí».

Dios entonces se volvió a Eva y le dijo: «¿Qué es lo que has hecho?».

La pregunta la atravesó como un cuchillo, cortando su corazón en dos. Sin embargo, ella mintió y, justo como Adán, se rehusó a asumir la culpa. «La serpiente me engañó, y comí», dijo.

Y luego se agazapó, colocando sus brazos sobre la cabeza como para protegerse de los golpes.

No obstante, Dios simplemente se volvió a la serpiente y le dijo:

«Por causa de lo que has hecho,
    ¡maldita serás entre todos los animales,
    tanto domésticos como salvajes!

Te arrastrarás sobre tu vientre,
　　y comerás polvo todos los días de tu vida.
Pondré enemistad entre tú y la mujer,
　　y entre tu simiente y la de ella;
su simiente te aplastará la cabeza,
　　pero tú le morderás el talón».

Pero ahí no terminó todo.
Luego Dios se volvió a la mujer y le dijo:

«Multiplicaré tus dolores en el parto,
　　y darás a luz a tus hijos con dolor.
Desearás a tu marido,
　　y él te dominará».

Y a Adán le dijo:

«Por cuanto le hiciste caso a tu mujer,
　　y comiste del árbol del que te prohibí comer,
　　¡maldita será la tierra por tu culpa!
Con penosos trabajos comerás de ella
　　todos los días de tu vida.
La tierra te producirá cardos y espinas,
　　y comerás hierbas silvestres.
Te ganarás el pan con el sudor de tu frente,
　　hasta que vuelvas a la misma tierra
　　de la cual fuiste sacado.
Porque polvo eres,
　　y al polvo volverás».

Las palabras de Dios cayeron como un rayo en una tormenta repentina, iluminando el cielo con sorprendente claridad, mostrándoles todo lo que habían perdido. El futuro se alzaba sombrío y difícil ante ellos.

En cuanto a Dios, se entristeció por lo que había sucedido, cómo el hombre y la mujer a quienes había amado trayéndolos a la existencia habían fallado en retribuirle ese amor. No podía dejar que Adán y Eva permanecieran en el jardín que había creado solo para ellos. Debido a que habían tomado y comido el fruto del árbol de la vida, tendrían que vivir para siempre con su pecado y no habría ninguna posibilidad de convertirse en otra cosa que no fuera lo que eran ahora: seres humanos quebrantados y corrompidos por el pecado. Así que Dios los expulsó y los puso al oriente del Jardín del Edén. Y colocó querubines y una espada encendida que se movía por todos lados para guardar el camino del árbol de la vida.

Así fue como Eva y su marido resultaron expulsados del paraíso y la paz que siempre habían disfrutado se transformó en un sueño que apenas podían recordar.

Habían cambiado la integridad por el quebrantamiento, la salud por la enfermedad, la tranquilidad por la ansiedad, la prosperidad por la necesidad, y la armonía por la disensión. En lugar de vivir en el resplandor de la presencia de Dios, eligieron vivir solo en la oscuridad.

Sin embargo, no estaban totalmente a oscuras. Aunque Eva y su marido habían prestado oídos a la peor mentira de todas, Dios tenía en mente para ellos algo más que castigo. A pesar de todo, sus vidas se desarrollaron como Dios había dicho que ocurriría.

Adán llamó a su esposa Eva, porque ella sería la madre de todos los seres vivientes. Con gran angustia, Eva dio a luz a tres hijos: Caín, Abel y Set. El mayor se transformó en un asesino y el segundo en su víctima. Y con respecto a Adán, tuvo que trabajar de la mañana a la noche para mantener a su familia.

¿Y en cuanto a Dios?

Afortunadamente para Eva y Adán, y todos los hijos que llegarían a ser sus descendientes, Dios había visto el final desde el principio y todo lo que está entre estos dos puntos. Debido a su gran amor y con absoluta certeza había puesto en marcha un plan para atraer a su pueblo a sí. Este plan audaz tomaría años incontables y tendría que enfrentar obstáculos inescrutables. No obstante, tarde o temprano se haría realidad.

Eva estaba segura de esto. ¿No había Dios prometido que de ella saldría alguien que le aplastaría la cabeza a la serpiente? En su gran sabiduría, Dios proveería una forma de que sus hijos volvieran de nuevo a casa, a él.

LOS TIEMPOS

Estos hechos tuvieron lugar antes que se registraran por escrito.

La historia de Eva se puede encontrar en Génesis 1—4.

De acuerdo con la visión del mundo que prevalecía entre las naciones vecinas de Israel en el antiguo Cercano Oriente, el papel principal del ser humano era atender a las necesidades de sus dioses. Tenían que encargarse de los trabajos rutinarios que los seres divinos estaban cansados de realizar, especialmente el de proveerse comida.

Por contraste, Génesis presenta a Dios como el que no solo crea a los primeros seres humanos, sino que les provee alimentos al crear para ellos un jardín paradisíaco a fin de que vivieran en él. El jardín que describe Génesis no es meramente un jardín de flores o un lugar lleno de hortalizas, sino un parque con senderos, lagunas, plantas y árboles que producen frutos y agua vivificante. Era un jardín impresionante, digno de ser parte de un templo o un palacio. La implicación en Génesis es que el jardín hogar de Adán y Eva formaba parte de la residencia de Dios en el Edén.*

Génesis también deja claro que hombres y mujeres, a diferencia de los demás seres vivos, fueron creados a imagen de Dios. Que los dioses colocaran imágenes de ellos mismos en la tierra pudo no haber sido una idea nueva. Los pueblos de los alrededores creían que esas imágenes, que tomaban la forma de ídolos, monumentos o incluso reyes, eran realmente imágenes de la divinidad, conteniendo la esencia de los dioses que los capacitaban para hacer el trabajo de ellos sobre la tierra.

No obstante, Génesis presenta solo a un Dios que es el Creador de todo cuanto existe. En lugar de tratar a Adán y Eva como esclavos, Dios comienza proveyendo amorosamente para sus necesidades y luego tratándolos como portadores de su imagen real, diciéndoles: «Fructificad y multiplicaos; llenad la tierra, y sojuzgadla y señoread en los peces del mar, en las aves de los cielos, y en todas las bestias que se mueven sobre la tierra» (Génesis 1.28, RVR1960).

---

* Para un comentario profundo sobre Génesis y más información acerca de por qué el Jardín del Edén pudo haberse considerado parte de la residencia de Dios en el Edén, véase «Génesis» de John H. Walton, *Zondervan Illustrated Bible Backgrounds Commentary on the Old Testament*, ed. John H. Walton (Grand Rapids: Zondervan, 2009), 1:10-38.

Viviendo en un mundo tan quebrantado nos resulta difícil imaginar todo lo que Adán y Eva perdieron por ceder a la tentación de transgredir las órdenes que claramente les había dado Dios. La consecuencia inmediata de su acto fue exponer su vergüenza. Antes de comer el fruto, no tenían nada que esconder; pero ahora, ningún vestido podría ocultar la oscuridad interior.

ALGO PARA PENSAR

1. Imagínese que usted es la primera mujer o el primer hombre y está viviendo en el Jardín del Edén. ¿Cómo cree que sería, qué aromas percibiría, qué sentiría?

2. En el Edén, Eva debió haber tenido una relación perfecta con su marido. ¿Cómo cree que funcionaba aquel primer matrimonio?

3. ¿Alguna vez ha desobedecido a Dios porque no entendió o no estuvo de acuerdo con alguno de sus mandamientos? ¿Cuál fue el resultado?

4. ¿De qué maneras cree que la imagen de Dios es quebrantada por las personas en el día de hoy? ¿Cómo cree que Dios quiere restaurar su imagen en la gente de la actualidad?

5. ¿Por qué cree que Dios puso a Adán y Eva en un jardín paradisíaco? ¿Qué decía esa decisión de Dios sobre las expectativas con respecto a cómo los primeros humanos se preocuparían de su mundo, según lo expresado en Génesis 1.28?

CAPÍTULO 2

Una anciana terrible

LA HISTORIA DE SARA

Cómo una anciana de noventa años quedó
embarazada y provocó a las malas lenguas

El rey de los cielos se ríe.

Salmos 2.4

$\mathcal{M}$ás anciana que vieja. Así es Sara. Su piel cuelga como cilicio, arrugada y áspera. Sin embargo, el suyo es un rostro que todavía hace que los hombres se vuelvan a mirarla, tan hermoso que alguna vez embrujó a reyes.

Cualquiera podría pensar que está medio loca, porque no deja de reír. Su cuerpo se sacude con la risa. Sin embargo, ella no está loca. Es solo una mujer que no puede dejar de maravillarse por lo que Dios ha hecho. Aunque su marido tiene más de cien años de edad y ella no se le queda atrás, está embarazada, esperando un hijo de él. ¿Quién no encontraría esto gracioso? ¡Dos viejos leños encendiendo un fuego!

No obstante, ha sucedido, aunque otro dolor agudo le baja serpenteando por las piernas. ¡Ay! El peso difícil de llevar y las articulaciones ya bastante flojas le hacen preguntarse si no se caerá. Aunque el bebé es muy robusto, aún puede doblarse sin una queja. ¿Cómo podría quejarse cuando el Dios Todopoderoso ha contestado sus oraciones?

Sara vuelve a reír. Esta vez porque el bebé está pateando. Es como un pequeño conejo cuyos pies golpean suavemente las paredes de su vientre. «No pasará mucho tiempo para que lo tenga en mis brazos», piensa.

¿Pero cómo sabe que será un varón?

Sentada en un tranquilo rincón de la tienda, Sara empieza a recordar todas las cosas hirientes que alguna vez dijeron a sus espaldas. Recuerda la amargura que sentía cada vez que oía a las demás mujeres cuchicheando porque Dios no la había bendecido con hijos. Seguramente, decían, tiene que haber hecho algo muy malo para que Dios la dejara estéril.

Agar, su criada egipcia, era siempre la que lanzaba la primera piedra. Decía que Dios había maldecido a Sara[*] debido a que le había sido infiel a Abraham cuando los dos viajaron a Egipto. Sin embargo, lo que Agar no

---

[*] Dios cambió el nombre de Sarai por Sara y el de Abram por Abraham (Génesis 17) a fin de simbolizar su relación especial con él. En aras de la sencillez estoy usando el nombre de Sara a través de toda la historia.

contaba era que Abraham le había pedido a Sara decir una mentira para salvar su pellejo.

La pareja había salido de los desiertos resecos del Néguev rumbo a la tierra exuberante de Egipto. ¿Habría un mejor lugar para escapar de una hambruna que aquel donde había abundancia gracias a las frecuentes inundaciones del río Nilo?* En Egipto había cantidades enormes de pepinos, melones, ajo y pescado fresco. Aunque también había un precio que pagar. Siempre ha sido de ese modo.

Ante el temor de lo que les esperaba, Abraham instó a Sara a decirles a los egipcios que era su hermana a fin de que no lo mataran para quedarse con ella. Y así fue como ella mintió, pero no era una mentira del todo, pues en realidad Abraham era su medio hermano.

Tal como Abraham había temido, pronto llegó al faraón la noticia de la hermosura de Sara y no tardó en manifestar su decisión de apropiársela. Después de colmar al «hermano» de la mujer de regalos como ovejas, ganado, asnos, camellos, siervos y siervas —de las cuales Agar era una— y sin tener idea de la verdad, el faraón la integró a su harén.

Antes de visitar el dormitorio del faraón, Sara tuvo que someterse a un proceso estético que la transformara en una belleza egipcia. Afortunadamente, eso tomó tiempo. Ungida con perfumes hechos de aceites preciosos y ungüentos de fragantes flores, maquillaron su rostro de blanco disimulando sus líneas de preocupación con una poción de granos de ciprés, incienso, cera y leche. Cubrieron su pelo oscuro y rizado con una peluca de lana negra que le caía directamente sobre los hombros. Y le colocaron brazaletes, anillos y un gran collar de oro.

Mirándose en un espejo de bronce bruñido, Sara se sintió sobrecogida al observar a aquella mujer que la miraba con tanta tristeza en sus ojos. Le había salvado la vida a su marido, ¿pero qué ocurriría con ella? ¿Regresaría Abraham a su tierra sin su esposa? ¿Cómo se las arreglaría sin él, viviendo la vida de una cautiva en el harén del faraón?

---

* Los geólogos y arqueólogos han descubierto evidencia de una sequía que abarca un ciclo de trescientos años, la cual ocurrió a finales del tercer milenio y comienzos del segundo antes de Cristo, coincidiendo con uno de los períodos en los que se cree que Abraham y Sara vivieron. Véase John H. Walton, «Genesis», *Zondervan Illustrated Bible Backgrounds Commentary on the Old Testament*, ed. John H. Walton (Grand Rapids: Zondervan, 2009), 1:73-74.

Sin embargo, entonces ocurrió algo maravilloso. Una extraña enfermedad atacó a la casa del faraón, afectando a todos menos a Sara. De un momento a otro, el harén y todos los rincones de la casa del faraón se llenaron de una fetidez insoportable. Cuando por fin se levantó de su lecho de enfermo, el faraón hizo presentarse ante él a Abraham y le dijo: «¿Qué me has hecho? ¿Por qué no me dijiste que era tu esposa? ¿Por qué dijiste que era tu hermana? ¡Yo pude haberla tomado por esposa! ¡Anda, toma a tu esposa y vete!».

Así que Sara y Abraham se apresuraron en salir de Egipto cargando toda la gran cantidad de regalos que el faraón les dio. Uno de estos regalos era Agar, una joven egipcia que llegó a ser la sierva de Sara.

Agar había oído contar la historia muchas veces. En realidad, ella había sido parte de la misma. No obstante, cada vez que la contaba, no mencionaba la forma en que Dios había intervenido para preservar la integridad de Sara, insistiendo más bien en especular sobre lo que habría significado para su ama llegar a ser parte del harén del faraón.

Sara se había dado cuenta de que su sierva era aficionada a la chismografía y le gustaba contar verdades a medias para dejar a su ama en una mala situación. ¿Por qué, se preguntaba, le dijo a Abraham que se acostara con ella? En las circunstancias que estaban viviendo parecía una buena idea echar mano de la costumbre de hacer que otra mujer les diera un heredero cuando la señora no podía tenerlo. Sara esperaba que así quedaría cubierta la vergüenza de su esterilidad.

Para Agar, esta era una orden de su ama que ella estaría dispuesta a obedecer. Y gustosa estuvo lista para acostarse con Abraham. ¿Cómo podría Sara saber que en el momento en que el vientre de Agar empezara a mostrar vida, desarrollaría una actitud presuntuosa, comenzando a comportarse como si ella, y no Sara, fuera la esposa favorita?

Por todo esto, Sara comenzó a menospreciar a su joven sierva haciéndole la vida imposible. La maltrataba de palabra y con hechos hasta que finalmente Agar no aguantó más y, aunque estaba embarazada de un hijo de Abraham, huyó al desierto. Cuando tal cosa ocurrió, Sara sintió una momentánea punzada de culpa. Pero entonces Agar regresó atolondrada contando la historia tonta de que un ángel se le había aparecido para convencerla de que regresara.

A partir de entonces, Agar no dejó de ser un problema. ¡Cómo habría deseado Sara que el desierto se la hubiera tragado!

A pesar de ese persistente conflicto, Sara se sintió más segura que nunca de que su lugar en el corazón de Abraham estaba seguro. Saber eso es importante, pero no lo es todo. Entonces ocurrió algo que la hizo darse cuenta de que también era primera en el corazón de Dios. Su vientre comenzó a crecer por la presencia en su interior de una criatura. Ella no presta oído a las malas lenguas y más bien la divierten todas las especulaciones que escucha.

¿Cómo podría una mujer de noventa años sobrevivir al nacimiento de un hijo? Y aun si lo lograra, ¿cómo van sus pechos marchitos a producir suficiente leche? Con todo, Sara está confiada. Recuerda la promesa que les hizo Dios, primero en un sueño que tuvo Abraham y luego el año anterior cuando a plena luz del día los visitó a ambos en su tienda cerca del encinar de Mamré.

Fue entonces que comenzó la risa. Su marido había estado sentado a la entrada de la tienda al mediodía cuando de repente vio a tres desconocidos acercarse. Generoso como era, Abraham les rogó que se quedaran a disfrutar de su hospitalidad. Entró a la tienda a pedirle a Sara que preparara un poco de pan y le dijo a un sirviente que matara al mejor becerro del rebaño.

En el momento en que completó su tarea, Sara comenzó a sentirse mal. Con su mano en el estómago, recordó el dolor que había sentido cuando comenzó su menstruación. No obstante, la misma se había detenido hacía ya muchos años. Pasaron algunos minutos hasta que estuvo segura. Debió permanecer en la tienda hasta que se hubieron completado sus días de impureza. Susurrándole la noticia a Abraham, le explicó por qué no había podido terminar la comida que estuviera a punto de preparar.

Pudo ver la expresión de asombro en su rostro y la preocupación en sus ojos. ¿Qué enfermedad de mujer había contraído? ¿Sobreviviría?

Siempre con la máxima cortesía, Abraham trajo cuajada y leche y el becerro asado, poniéndolo todo delante de sus huéspedes.

Uno de ellos le preguntó: «¿Dónde está Sara, tu esposa?».

Seguramente se preguntaban por qué ella no estaba en la comida.

«Allí en la carpa», les respondió Abraham, recurriendo a un eufemismo para explicar que, como toda mujer en su período, estaba recluida en la tienda.*

Entonces, uno de ellos dijo: «Dentro de un año volveré a verte... y para entonces tu esposa Sara tendrá un hijo». En ese momento, Abraham se dio cuenta de que este no era un extranjero cualquiera. Dios mismo había hablado.

A sus ochenta y nueve años, Sara había escuchado la conversación desde la entrada de la tienda. Al oír la extraña promesa del forastero, se echó a reír, diciéndose a sí misma: «¿Voy a tener este placer ahora que estoy desgastada y mi marido es viejo?».

«¿Por qué se ríe Sara?», le preguntó el Señor a Abraham. «¿Acaso hay algo imposible para el SEÑOR? El año que viene volveré a visitarte en esta fecha, y para entonces Sara habrá tenido un hijo».

Asustada, Sara replicó: «Yo no me he reído».

Hablándole esta vez directamente a Sara, Dios dijo: «Sí que te has reído».

Y así como se había reído, se seguiría riendo hasta el día en que su hijo Isaac, cuyo nombre significa «risa», finalmente naciera. Ella y Abraham rieron juntos. La alegría brotó grandiosa y arrolladora, y ni aun proponiéndoselo Sara pudo detenerla. «Dios me ha hecho reír», dice, «y todos los que se enteren de que he tenido un hijo, se reirán conmigo. ¿Quién le hubiera dicho a Abraham que Sara amamantaría hijos? Sin embargo, le he dado un hijo en su vejez».

Y así es como en su vejez Sara llega a comprender que Dios tiene su sentido del humor. A pesar de todos los problemas y males, ella sabe que al final él prevalecerá riéndose de todos los enemigos que lo desprecian.

Sin embargo, Sara aún tiene enemigos. Y los tiene al alcance de la mano.

Isaac ya tiene tres años y acaba de ser destetado. Aunque la muerte les quita la vida a muchos bebés, su buena salud es digna de celebrarse.

---

* Aunque el texto bíblico (Génesis 18.1-15) no dice explícitamente que el período menstrual de Sara había comenzado de nuevo, algunos estudiosos señalan que no hay evidencia de que en el mundo antiguo hombres y mujeres comieran separadamente. Esa era una costumbre que se desarrolló más tarde. Por tal motivo, a los huéspedes les llamó la atención que ella no estuviera presente en la comida, por lo cual hicieron la pregunta. Cuando Abraham les dijo que su esposa «estaba en la tienda», es probable que haya usado un eufemismo de buena educación que indicaba que Sara estaba menstruando, por lo que no podía unirse a ellos. Para que este haya sido el caso, ella tendría que haber comenzado a menstruar justo después de hornear el pan, porque hornear pan les estaría prohibido a las mujeres en medio de su período menstrual. Véase John H. Walton, «Génesis», 1:91.

Abraham organiza una fiesta a fin de celebrar el vigor de su hijo, pero Sara está preocupada. De modo que insiste en decirle: «¡Echa de aquí a esa esclava y a su hijo! El hijo de esa esclava jamás tendrá parte en la herencia con mi hijo Isaac».

No obstante, Abraham siente que el corazón se le rompe, ya que él los ama a los dos. ¿Cómo podría rechazar a uno y favorecer al otro?

Para gran alivio de Sara, el Señor se le aparece a Abraham y se pone de su lado al decirle a su esposo que hiciera todo lo que Sara le dijera. Así fue como Abraham envió a Agar e Ismael directamente al desierto.

Allí, en lugar de hallarse en la desolación como podría haberse esperado, se encuentran con un mensajero de Dios. Gracias al ángel, un pozo de agua y la mano protectora de Dios, Ismael crece, tal como dicen las Escrituras, llegando a ser «un hombre indómito como asno salvaje».

Sara solo sabe que está agradecida por haberse librado de Ismael y Agar. Por fin podrá morir como una mujer feliz. Por supuesto, ella no sabe que un día su esposo llevaría a su hijo en un viaje de tres días por el desierto y luego a una montaña para sacrificarlo. Abraham debería hacer un altar, poner a su hijo en él y luego alzar un cuchillo para darle muerte.

A sus ciento veintisiete años, Sara no se puede imaginar las glorias y contiendas que les esperan a los descendientes de los dos hijos de Abraham: los árabes, que son los descendientes de Ismael, y los judíos, que proceden de la línea de Isaac.

Si hubiera podido atisbar el futuro, hasta el tiempo cuando otro hijo amado escalaría la misma montaña en la que Dios le dijo a Abraham que le diera muerte a su hijo, habría podido conocer la más profunda verdad de todo. No importa cuánto se multiplique la maldad y se amontonen los problemas, Dios tendrá sin duda la última palabra, riéndose de los enemigos que se mofan.

LOS TIEMPOS

Ella vivió alrededor de los años 2156-2029 A.C.

La historia de Sara se encuentra en Génesis 12.1-20; 16.1-8; 17.1-22; 18.1-15; 21.1-13.

También se le menciona en Gálatas 4.22-31.

Durante el tiempo en que Abraham y Sara vivieron, los pueblos de los alrededores adoraban a una gran variedad de dioses. Poco a poco fue surgiendo el concepto de un dios más personal, con la gente expresándole especial devoción a un dios en particular al que hacían su protector y proveedor especial. Esto pudo haber influido en la forma en que Abraham y Sara interpretaron la promesa que Dios les hizo de que tendrían muchos descendientes.

La devoción a la deidad de la familia podía pasarse de generación en generación, pero también era posible que se adorara a otros dioses. Solo en Israel el Dios de Abraham y Sara sería reconocido como el Dios de toda la nación.

Debido a que el mundo antiguo tenía muy poca comprensión de lo que causaba las enfermedades y los quebrantamientos de la salud, las supersticiones abundaban, provocando una vergüenza adicional en los que sufrían enfermedades o dolencias físicas.

El dolor de Sara por no poder tener hijos tiene que haberse visto agravado al ser interpretado como una señal de juicio divino. Seguramente, se pensaba, habría hecho algo para que Dios se enojara con ella, por lo que le impedía tener hijos.

Aunque los pueblos antiguos hubiesen percibido una conexión entre la menstruación y el tiempo de un embarazo, seguramente no conocían la realidad biológica de que un ser humano se concibe solo cuando un óvulo femenino es fertilizado por el esperma masculino. Ellos creían más bien que la vida se creaba cuando un hombre plantaba su semilla en el vientre de una mujer. A la mujer se le veía solo como un receptáculo o incubadora en la cual la semilla podía crecer. Si una pareja no concebía después que el hombre había cumplido con su deber, o si se producía un aborto, invariablemente la culpable era la mujer.

La infertilidad de Sara debe haber ejercido una enorme presión en su matrimonio. Ella no podía saber que su incapacidad para tener hijos no tenía nada que ver con algún pecado, sino con el plan de Dios para crear un nuevo pueblo —hijos de la promesa— del cual Abraham sería el padre y Sara la madre. Su embarazo tiene que haberle producido un profundo sentido de reivindicación y alivio.

Cuatro mil años después de su muerte, la historia de Sara sigue viva. Las Escrituras afirman que fue sepultada en la cueva de Macpela, en lo que hoy día se conoce como la Tumba de los Patriarcas, junto con otros personajes cuyas historias se cuentan en el libro de Génesis: Abraham, Isaac, Jacob, Rebeca y Lea. Ubicado en el lado oeste de la ciudad de Hebrón, el sitio tradicionalmente adscrito a la tumba todavía se puede visitar hoy día. No está muy lejos de donde Sara se habría sentado en su tienda, riendo a carcajadas cuando escuchó por primera vez la impresionante promesa de Dios de darles un hijo a ella y Abraham.

ALGO PARA PENSAR

1. Al igual que muchos personajes bíblicos y la gente como nosotros, Sara no es una persona enteramente virtuosa. Comente los aspectos buenos y malos de su carácter según lo revela su historia. ¿Con cuáles se identifica usted más?

2. Sara tenía sesenta y cinco años cuando Dios prometió que haría de Abraham (y por inferencia de Sara) una gran nación. Sin embargo, Isaac no nació sino hasta veinticinco años después. ¿Por qué cree que Dios se anticipó tanto en hacer esa promesa?

3. Al sugerir que Abraham se acostara con su sierva para concebir un heredero, Sara no estaba haciendo más que seguir la costumbre de aquel tiempo. Ella trataba de hacer realidad la promesa de Dios. ¿Ha intentado usted alguna vez forzar a Dios a actuar? ¿Cuáles fueron los resultados?

4. ¿Cree usted que Dios le ha prometido algo? ¿Cómo describiría su experiencia de esperar y quizás seguir esperando ahora mismo que la promesa se convierta en una realidad?

CAPÍTULO 3

Un disfraz terrible

LA HISTORIA DE TAMAR

Cómo una viuda se viste de ramera
para una noche de aventura

La gente se fija en las apariencias, pero yo me fijo en el corazón.
1 Samuel 16.7

Ya es de noche cuando Judá y sus hermanos llegan a casa. Llevan la túnica de su hermano José, un jovencito de diecisiete años. En el momento en que Jacob ve rasgada y cubierta de sangre la hermosa vestimenta que le había dado a su hijo favorito, llora y se lamenta: «¡Es la túnica de mi hijo! ¡Algún animal salvaje lo ha atacado, despedazándolo!».

Para Judá, es mejor que Jacob crea que su hijo preferido ha sido devorado por animales salvajes antes que conozca la triste verdad: que José sigue vivo y va rumbo a Egipto con una caravana de mercaderes ismaelitas y madianitas,* los cuales han pagado una buena suma por un nuevo esclavo.

A pesar de que Judá ha salvado la vida de su hermano al sugerir que lo vendan en lugar de darle muerte como sus hermanos querían, todo lo que ocurrió lo ha puesto muy mal. No importa que su hermano haya sido un muchacho engreído y su padre hubiera contribuido a ello al convertirlo en su hijo favorito. Judá sabe que todo aquello no ha sido otra cosa que una terrible traición.

Para distanciarse de su padre desconsolado y los brutos de sus hermanos,† Judá se dirige al pueblo de Adulán y se queda a vivir con un hombre de allí al que conoce. No mucho tiempo después se casa con una mujer cananea. De este matrimonio nacen tres hijos: Er, Onán y Selá.

Como ocurre con frecuencia, una mala decisión lleva a otra. Primero, Judá conspira contra su hermano José. Luego, le miente a su padre. Después, se casa fuera de su tribu a diferencia de sus antepasados Abraham, Isaac y Jacob. Su matrimonio le abre la puerta a dificultades futuras. Una de estas ocurrirá años después, cuando su hijo mayor se case con una mujer llamada Tamar.

En lugar de crecer altos y derechos, Er y Onán, los hijos de Judá, crecen como ramas dobladas en el árbol familiar, con formas retorcidas y

---

* Los madianitas eran descendientes de Abraham a través de su esposa Cetura, mientras que los ismaelitas eran sus descendientes a través de Agar. Eso pudo haber significado que los mercaderes que compraron a José y lo vendieron como esclavo en Egipto fueran sus primos segundos o terceros.

† Dos de los hermanos de Judá, Simeón y Leví, masacraron a un pueblo entero de hombres siquemitas porque uno de ellos había violado a su hermana, Dina. Para detalles de este sórdido caso, lea Génesis 34.

engañosas. El otro hermano, Selá, es todavía un niño y resulta demasiado pronto para apreciar su carácter.

Er es un hombre amargado, lleno de complejos, que se deleita en maltratar a su esposa, Tamar. Es la clase de hombre que pasa desapercibido para los demás, pero no para Dios. Muy por el contrario, Dios observa cada detalle de la perversidad de Er y planifica terminar con su vida antes de tiempo. Por lo menos eso es lo que todos dicen cuando una mañana lo encuentran en su cama con el rostro enrojecido y ahogado en su propio vómito.

A estas alturas, Judá se ha convertido en un hombre de recursos, pero ha perdido a un hijo. Siguiendo la costumbre, hace lo correcto al darle instrucciones a su segundo hijo, Onán, para que se case con Tamar y así su hermano muerto pueda tener herederos.

Onán es la clase de hijo que afirma: «Sí, papá; lo que tú digas, papá». Sin embargo, ya se ha adueñado de la propiedad de su hermano muerto como si todo le perteneciera a él. ¿Por qué habría de engendrar un hijo que llegado el momento podría quitársela? Así es que decide dedicarse a jugar a ser el esposo. Cada vez que duerme con Tamar, se asegura de retirarse antes de depositar la semilla en la matriz de la joven. No habría descendiente.

Tamar no dice nada. Tiene demasiado miedo a lo que Onán le pueda hacer si habla, por eso sus lágrimas pasan desapercibidas para su suegro, Judá.

Sin embargo, Dios, que todo lo ve, toma nota de la maldad de Onán y decide quitarle la vida al segundo hijo de Judá.

Ahora Judá ha perdido a dos de sus hijos. ¿Quién podrá continuar la línea de Judá?

Afortunadamente, todavía le queda un hijo. ¿Y qué pasa con Tamar?

Para una mujer es tragedia suficiente ser la esposa de un hombre malo, pero ser la esposa de dos hombres malos, uno tras otro, es más de lo que alguien podría soportar. Sin embargo, Tamar está dispuesta a esperar que todo mejore cuando crezca Selá.

Así es como Judá le dice a su nuera que regrese a la casa de su padre y viva como viuda hasta que Selá tenga la edad suficiente para desposarla. Con todo, Tamar no se siente tranquila. ¿Por qué no la deja seguir viviendo en su casa como es la costumbre? ¿Será que cree que ella ha sido la culpable de todo y que su lecho está maldito? Habiendo perdido a dos hijos, quizás él no quiere arriesgarse con el tercero.

Tamar permanece en la casa de su padre y pasa muchas horas trabajando en el telar. No obstante, mientras sus dedos manejan la lana, piensa y observa a otras mujeres haciendo lo que ella siempre ha querido hacer. Como las gallinas, estas mujeres juntan sus polluelos debajo de sus alas. Ella quiere ver a sus propios hijos crecer fuertes y derechos, de modo que pueda reírse de los días que tiene por delante. Sin embargo, no tiene esposo, no hay hijos, y siente un miedo doloroso que le dice que ya se ha convertido en lo que teme, una viuda sin futuro ni esperanza.

El tiempo pasa y no hay nada de la boda. Luego muere la esposa de Judá.

Un día le llega la noticia de que Judá está planeando ir hasta Timnat para la esquila de las ovejas. Como el dinero abunda durante la cosecha de la lana, habrá mujeres al acecho. Lo sabe. No obstante, ella no es como aquellas mujeres, de ninguna manera.

Tamar cambia entonces su ropa sencilla por una túnica de colores, cubre su rostro con un velo, sale al camino que lleva a Timnat y se sienta a esperar.

Al verla, a Judá le parece atractiva. No ha sido fácil vivir todos esos meses sin una esposa que lo consuele.

—Ven —le dice con voz seductora—. Ven a acostarte conmigo.

—¿Cuánto me vas a pagar? —le pregunta ella.

—Te enviaré un cabrito de mi rebaño.

La negociación continúa.

—¿Pero cómo puedo estar segura de que vas a cumplir tu palabra? Dame tu sello y su cordón, y el bastón que tienes en tu mano.*

Ella sabe que lo que le ha pedido es algo muy importante para un hombre.

Aun así, Judá acepta y entonces se acuesta con ella.

---

* Judá probablemente llevaba su sello en un cordón alrededor del cuello. El sello era un cuño o grabado hecho de piedra o metal que podía dejar su impresión en arcilla o cera. Se utilizaba para autenticar documentos legales, y podía decorarse con una simple imagen y también incluir el nombre de la persona. Los bastones a menudo estaban grabados en la parte de arriba, haciendo que fuera fácil identificar a su propietario.

Más tarde, Judá envía a alguien a entregar el cabrito prometido y recuperar sus cosas. Sin embargo, la mujer se ha desvanecido. Nadie ha visto a una prostituta* en el camino donde estaba. La respuesta es siempre la misma: «Nunca ha habido aquí una mujer como esa».

Judá está desconcertado, ¿pero qué puede hacer? Nunca le vio el rostro a la mujer, porque ella lo mantuvo siempre cubierto con el velo. Así que simplemente se encoge de hombros y dice: «Por lo menos lo intenté. Que se quede con lo que le di. Si sigo buscándola, todo el mundo se va a dar cuenta y yo voy a ser el hazmerreír de la gente».

Pasan tres meses y un día le llega a Judá una noticia impactante. «¡Tu nuera Tamar ha estado ejerciendo la prostitución y ahora está embarazada!».

Judá se indigna. ¡Cómo se atreve Tamar a traer esa vergüenza a su familia!

Él no toma en cuenta las circunstancias de Tamar: una viuda sin hijos con muy escasos medios de provisión. Tampoco piensa en lo que podría haberla llevado a un acto tan desesperado. En lugar de eso, hace retumbar el juicio como un trueno, diciendo: «¡Sáquenla afuera y quémenla hasta que muera!».

Los mejores hombres del pueblo se apresuran a cumplir la orden de Judá. No obstante, cuando intentan sacar a Tamar de la casa, ella le envía un mensaje a su suegro junto con ciertas posesiones. «Estoy embarazada del hombre que es dueño de estas cosas. Vean si reconocen el sello, el cordón y el bastón que les he entregado».

Judá está estupefacto. Esas cosas no pertenecen a ningún otro hombre sino a él.

¿Tendrá excusa posible que lo justifique? La evidencia es obvia. ¡Acaba de condenar a una mujer por acostarse con un hombre, pero él es ese hombre! Así que avergonzado tiene que reconocer: «Su conducta es más justa que la mía, pues yo no la di por esposa a mi hijo Selá».

Sin embargo, ese no es el final de la historia. Seis meses más tarde, Tamar da a luz a dos bebés. Durante su lucha por llegar a este mundo,

---

* Si bien hay versiones de la historia que parecen indicar que Tamar estaba actuando como ramera, es decir, como una mujer que participa en los ritos de fertilidad, los eruditos ahora creen que esto puede ser un error de traducción y que la palabra hebrea puede significar simplemente «prostituta». Por lo que parece poco probable que Tamar y Judá hayan estado participando en una especie de rito de fertilidad pagano.

aparece un pequeño brazo. Poniéndole en la muñeca un hilo de grana, la partera dice: «Este salió primero». Luego, para su sorpresa, la manito volvió a ocultarse y salió su hermano, lo cual hizo que la partera exclamara: «¡Cómo te abriste paso!».

Al primer hijo, Tamar le puso por nombre Fares, que significa «brecha», y al segundo lo llamó Zara, que significa «escarlata».

Tamar, una viuda que había sido casi olvidada por los que debían cuidar de ella, fue recordada por Dios. Fares creció y se convirtió en el padre de una cadena de descendientes entre los cuales había nombres tan importantes como Aminadab, Abías, Josafat y Zorobabel. De Fares también salieron Booz, el rey David y el sabio rey Salomón.

En cuanto a Tamar, Dios la hizo una mujer feliz al rescatarla de dos maridos malvados y bendecirla con dos preciosos hijos. Y como si eso no fuera suficiente, ella figura entre el puñado de mujeres cuyos nombres aparecen incluidos en una genealogía en el capítulo primero del Evangelio de Mateo.

Aunque sus historias están entrelazadas con detalles desagradables, como el incesto, los embarazos fuera del matrimonio y el asesinato, cada mujer de la lista es recordada como parte de una cadena vital de seres humanos que se extiende desde Abraham hasta José, el esposo de María, de la cual nació Jesús, quien es llamado el Cristo.

LOS TIEMPOS

Ella vivió alrededor de 1893 y 1833 A.C.

La historia de Tamar se encuentra en Génesis 38.

También se le menciona en Mateo 1.

La historia de cómo Tamar engañó a su suegro para que durmiera con ella y así quedar embarazara de él nos parece tanto sórdida como extraña. ¿Qué hace este relato en la Biblia? A diferencia de los lectores contemporáneos, el pueblo judío que sabía de la historia consideraba a Tamar una heroína en lugar de una perversa.

Ellos sabían que una de las peores desgracias que le podría sobrevenir a una mujer era quedarse sin hijos, porque una viuda sin descendencia carecía de una buena posición económica, jurídica y social. Cuando Judá le dijo a Tamar que se quedara viuda aun cuando él no tenía intención de proveerle un marido, estaba quebrantando la costumbre del matrimonio levirato, una práctica común en muchas culturas antiguas. Morir sin un heredero se consideraba una maldición. Para prevenir esto, la esposa del hombre muerto se casaba con uno de sus hermanos. Si este paso era imposible de dar, ella también podría casarse con su suegro. El matrimonio levirato era una manera de proveer para la viuda, así como de concebir un heredero que preservara el apellido de su marido muerto.

Una antigua ley hitita decía así: «Si un hombre tiene una mujer, y el hombre muere, su hermano tomará a la viuda como su esposa. (Si el hermano muere,) su padre se casará con ella. Cuando el padre muere, el hermano del padre se casará con ella».*

Judá también estaba pecando contra Tamar al impedirle volver a casarse como otras viudas podían hacerlo en los casos en que la familia no podía proporcionarles un marido. A pesar del mal trato de su suegro, Tamar se mantuvo leal a su familia, arriesgando su vida para concebir un heredero. De otra manera, la línea de Judá, de la cual el Mesías habría de venir, se hubiera visto interrumpida. Las acciones de Tamar dieron como resultado que la línea de Abraham continuara, no a través de los malvados hijos cananeos de Judá, sino a través de los hijos que tuvo con Tamar.

ALGO PARA PENSAR

1. ¿Por qué cree usted que la Biblia incluye historias sórdidas como esta?

2. Salmos 33.15 afirma que Dios cuida a todos los que viven en la tierra y considera todo lo que hacen. Las palabras del salmo parecen confirmadas por esta historia. ¿Cómo tal comprensión define la forma de ver lo que está sucediendo a su alrededor? ¿Cómo define la forma en que ve su propia vida?

---

* A pesar de que esta ley hitita data de una fecha muy posterior a la época en que tiene lugar esta historia, capta la ley como seguramente se practicaba en el tiempo de Judá y Tamar. Citado en John H. Walton, «Génesis», *Zondervan Illustrated Bible Backgrounds Commentary on the Old Testament*, ed. John H. Walton (Grand Rapids: Zondervan, 2009), 1:126.

3. ¿Qué revela esta historia sobre la capacidad de Dios para redimir el mal incluso en medio de una arraigada disfunción familiar?

4. Después de condenar a su nuera, Judá se da cuenta de su propio pecado. ¿Alguna vez ha tenido una experiencia similar, tal vez mientras regañaba a un hijo? Si ha sido así, ¿cómo reaccionó?

5. En la cultura de Tamar, el valor de una mujer estaba determinado por su capacidad para tener hijos, especialmente hijos varones. Imagine por un momento que usted es Tamar. Ha perdido a dos esposos malvados, el segundo de los cuales estaba decidido a evitar que tuviera hijos. Luego, su suegro le hace lo mismo al no proveerle un marido. ¿Cómo se sentiría? ¿Cómo oraría?

6. ¿Qué tipo de cosas tienden a hacerle sentir menoscabado en su valor? ¿Qué le hace sentir que vale?

CAPÍTULO 4

Una revoltosa terrible

LA HISTORIA DE MIRIAM

La rebeldía es tan grave como la adivinación, y la arrogancia, como el pecado de la idolatría.
1 Samuel 15.23

«Papá, cuéntanos la historia de José y su túnica tan linda», le dice ella.

Sus ojos oscuros brillan a la luz del fuego, mientras se inclina hacia adelante para escuchar la historia una vez más. En cada ocasión que su padre la vuelve a relatar, la historia del joven soñador y sus hermanos mayores celosos cobra vida en su mente como si hubiese ocurrido solo ayer.

Su padre dice que Dios tenía su mano puesta sobre el joven desde el principio, plantando en su mente sueños de tal magnificencia que al compartirlos con sus hermanos hacía que estos se pusieran locos de envidia. Sin embargo, incluso la maldad de sus hermanos no pudo detener el plan de Dios para hacer de José un gran hombre en Egipto, un hombre que salvaría al mundo y su propia familia.

Miriam sabe que los hermanos de José llegaron a Egipto durante una época de hambruna severa. Una vez en Egipto, encontraron no solo la comida que ansiaban, sino también al hermano que habían vendido como esclavo en años anteriores. Ella recuerda las lágrimas de José cuando se dio a conocer a sus hermanos, y el terror de estos al saber que estaba vivo. ¡Qué extraño y maravilloso que José los hubiera perdonado e hiciera que ellos y sus familias se establecieran en algunas de las regiones más ricas de Egipto!

Al igual que ellos, Miriam vive en el delta del Nilo, en Gosén, no muy lejos de donde el río desemboca en el Mediterráneo. No obstante, a diferencia de José, la fogosa muchacha siempre ha sido una esclava, aunque sueña con la libertad. Sus sueños se nutren de historias sobre su pueblo que han ido pasando de generación en generación. Ellas le recuerdan que la vida no siempre ha sido tan dura y que hay un Dios que los ama.

Aunque el recuerdo de José sigue vivo en los corazones de su pueblo, un nuevo gobernante ha surgido en Egipto que no sabe nada de él. Este gobernante solo piensa en cómo controlar a los esclavos hebreos, que se han venido multiplicando a un ritmo alarmante. Teme que pronto llegarán a ser demasiado fuertes para dominarlos y podrían conspirar con los invasores en su frontera norte. Así que decide exterminarlos como si fueran uno de sus rebaños.

Comienza instruyendo a las parteras hebreas para que le den muerte a cada bebé varón que nazca. Sin embargo, las parteras le temen a Dios más que al faraón, así que idean una mentira que solo un hombre creería. Le dicen que las esclavas hebreas son mucho más fuertes que las mujeres egipcias. Y que cuando ellas llegan para asistirlas en el parto, el bebé ya ha nacido y lo han escondido.

Entonces el faraón le ordena a su gente echar a todos los niños varones al río Nilo en cuanto los descubran. A Miriam le resulta extraño que trate de controlar la fertilidad de su pueblo lanzando a los niños al mismo río que él adora como fuente de la fertilidad de Egipto.

La madre de Miriam, Jocabed, es una de esas mujeres hebreas fuertes que ha dado a luz un hijo varón. No obstante, su llegada no da lugar a una celebración, sino a la preocupación.

A veces Miriam oye gritos en medio de la noche, y no puede evitar que las lágrimas acudan a sus ojos. Cuando tal cosa ocurre, sabe que un bebé más acaba de ser arrojado al río para alimento de ese dios egipcio.

En cuanto al bebé de Jocabed, ya tiene tres meses de vida. Es un niño vigoroso cuyo llanto fácilmente podría delatarlo. Presionando su mejilla contra la suavidad de la del niño, lo sostiene pegado a su cuerpo y ora. Día tras día, las palabras de sus oraciones suben al cielo como el incienso. Al oírlas, el gran Dios en lo alto—el Dios de Abraham, el Dios de Isaac y el Dios de Jacob— el Dios de sus padres, mira hacia abajo con lástima y respuestas.

De pronto, ella sabe qué hacer. El faraón ha ordenado que todo bebé varón sea echado a las aguas del Nilo. Así se hará. Cuidadosamente, Jocabed cubre una pequeña cesta de papiro con alquitrán y brea, asegurándose de que no quede ningún hueco por el cual pueda entrar el agua. Cuando está segura de que la cesta está en condiciones de navegar, pone a su pequeño hijo dentro. Sus ojitos marrones la miran con tanta confianza que ella se siente tentada de tomarlo en sus brazos y no dejarlo ir.

Miriam observa cómo su madre le pone la tapa a la cesta y la deposita delicadamente en el gran río. Su corazón se está rompiendo también. ¿Cómo podrá el bebé sobrevivir a las pitones que se esconden en sus orillas o a los hipopótamos y cocodrilos que acechan en el agua? De pie en la orilla del río, estira el cuello para ver qué va a pasar con la pequeña arca que se aleja flotando.

De pronto, se fija que una de las hijas del faraón se acerca a la orilla del río. En cuanto la princesa ve la canasta, manda a una de sus esclavas a traérsela. Miriam ve cómo la joven entra al agua, agarra la canasta y se la lleva a su ama. Observa cómo la princesa levanta la tapa y exclama: «Es uno de los bebés hebreos». Tiernamente, la hija del faraón toma al niño, lo saca de la canasta y lo acerca a su pecho, luego lo mece y lo arrulla para que no siga llorando.

A Miriam le late con fuerza el corazón. Se adelanta a fin de preguntar si puede ayudar en algo. Quizás pueda encontrar a alguien que lo cuide. Es más, ella conoce a una mujer hebrea que acaba de perder a un hijo. Contiene la respiración mientras espera para ver si la hija del faraón cae en la trampa.

Afortunadamente, la princesa le agradece su ayuda, y Miriam corre a casa para traer a su madre. Qué buena coincidencia, piensa la princesa, tener a la mano a una mujer que acaba de perder a su propio hijo. ¿No será la madre del bebé? Sin embargo, eso no le preocupa. Lo importante es que el bebé sobreviva.

Gracias a la audacia de Miriam y el plan desplegado por Dios, Jocabed no solo se reúne con su hijo, sino que también recibe una paga de un miembro de la casa del faraón por cuidarlo. Después de unos años, cuando el niño sea destetado, dejará a su familia y vendrá a vivir al palacio. Hasta entonces, es criado con el amor y la orientación de su familia. Miriam lo deleita con historias, como la de Noé y los animales que suben a bordo del arca, o su favorita, la historia de José y sus hermanos celosos.

El tiempo pasa y el niño crece fuerte. Un día salen al camino, él va tomado de la mano de Miriam y su madre. Sabe a dónde se dirigen. Siempre lo ha sabido, porque su madre no deja de cantar alabanzas a la princesa, contando cómo lo rescató del río Nilo. A él le gustaría vivir en el palacio, pero no todavía, a pesar de que su madre y su padre dicen que debe ir allá ya. Miriam le aprieta la mano, como queriendo asegurarle que todo va a estar bien.

La hija del faraón les da una calurosa bienvenida. No obstante, cuando llega el momento de que Jocabed y Miriam tienen que irse, el niño se resiste a la separación, y mostrando en el rostro su angustia extiende los brazos hacia su madre y le dice: «¡No me dejes!». Miriam se vuelve tratando de ocultar sus propios temores.

Jocabed le coloca su brazo alrededor de los hombros, la lleva afuera y le susurra al oído: «Silencio niña, tu llanto solo hará que las cosas empeoren». Y una lágrima rueda por su mejilla.

En cuanto a la hija del faraón, está encantada con su muchachito. Será un buen chico, inteligente y fuerte. Ahora que ha pasado con éxito la edad del destete, le da un nombre. Se llamará Moisés, dice, «porque yo lo saqué del agua». Y así se queda con él.

De esta manera Moisés, a quien el faraón había tratado de matar, crece como un niño presumido, que vive en su palacio dándose la gran vida, come de su comida y obtiene la mejor educación que Egipto puede proveer. Cada vez que Miriam piensa en esto, su dolor se suaviza. Se ríe un poco, porque tal cosa prueba que Dios está en control y que él tiene sentido del humor.

El tiempo vuela. Con sus cuarenta años, Moisés ya es un hombre hecho y derecho. Es alto y fornido, la imagen misma de la dignidad y el poder egipcios. Miriam se pregunta si todavía la recordará. Espera que por lo menos recuerde las historias que le contaba acerca de un Dios poderoso que había elegido a su pueblo y le había prometido una tierra donde vivir. Quizás consiga el favor del faraón para llegar a ser el que los libre de la esclavitud y salve a su familia como lo hizo José.

Sin embargo, el sueño de que Dios liberaría a este pueblo que clama a él de día y de noche se desvanece cuando se entera de que a Moisés lo han acusado de asesinato y el faraón tiene la intención de matarlo tan pronto como lo atrape. ¿Cuál ha sido su delito? Haberle dado muerte a un egipcio tratante de esclavos que estaba golpeando a un israelita.

Moisés escapa, y no se vuelve a saber de él por cuarenta años.

Después de un tiempo el rey de Egipto muere y otro faraón asciende al trono. Este, según dicen, es peor que el anterior y tiene el corazón de una víbora. Una pequeña cobra de oro —emblema de Uadyet, la diosa protectora de la región del Delta— adorna su corona, recordándoles a sus enemigos su fuerza y su astucia. Proclama su poder, como para decir que él no dudará en castigar a cualquiera que sea tan necio para desafiarlo. Con la protección de Uadyet se siente seguro en su trono. Sin embargo, la presunción del faraón no habría durado mucho si se hubiera dado cuenta de que una Deidad por él desconocida estaba por empezar a provocarle problemas, convocando a un libertador que les daría órdenes a las fuerzas de la naturaleza para hacer estragos en su reino. Este plan ha estado en la mente del Señor desde el principio, cuando trajo a Moisés a la vida en el vientre de su madre y luego lo mantuvo vivo con la ayuda de Miriam y la hija del faraón.

No obstante, ¿a dónde se ha ido Moisés? Se encuentra viviendo en el desierto de Madián, al este de Egipto. Este es un lugar donde Dios puede darle forma y moldearlo para que sea el hombre que debe llegar a ser, porque hay algunas cosas que solo el desierto puede enseñar.

Un día en el que Moisés se encuentra cuidando su rebaño cerca del monte Horeb,* Dios se le aparece en la forma de una zarza ardiendo. Con una voz impresionante le dice desde el interior del fuego:

«¡Moisés, Moisés!... No te acerques más... Quítate las sandalias, porque estás pisando tierra santa. Yo soy el Dios de tu padre. Soy el Dios de Abraham, de Isaac y de Jacob... Ciertamente he visto la opresión que sufre mi pueblo en Egipto. Los he escuchado quejarse de sus capataces, y conozco bien sus penurias. Así que he descendido para librarlos del poder de los egipcios y sacarlos de ese país, para llevarlos a una tierra buena y espaciosa, tierra donde abundan la leche y la miel... Así que dispónte a partir. Voy a enviarte al faraón para que saques de Egipto a los israelitas, que son mi pueblo».

Cubriéndose el rostro con ambos brazos, Moisés no se atreve a mirar hacia la zarza que arde para no ver el rostro de Dios y morir.

De alguna manera encuentra el valor para responder: «Siendo que yo hablo con labios vacilantes, ¿por qué el faraón va a querer hablar conmigo?». Sin embargo, el Señor le asegura que él es la persona perfecta para llevar a cabo ese trabajo, no porque sea fuerte o persuasivo, pues Moisés no lo es, sino porque Dios mismo estará con él.

Cuando Moisés regresa a Egipto después de una ausencia de cuarenta años, se reúne de nuevo con su familia. Aunque sus padres han muerto, su vínculo de amor con Miriam y Aarón se renueva. Los tres discuten el asunto y luego se reúnen con los ancianos de Israel. Todos coinciden en que Moisés y Aarón, que es su portavoz, deben ir a ver al faraón y decirle lo que el Señor ha dicho: «Deja salir a mi pueblo».

---

* También conocido como monte Sinaí.

Así que Moisés se reúne con el faraón, pero el arrogante soberano hincha su pecho y se burla. «¿Quién es este Señor de quien me hablas?». Y hace énfasis en la palabra *Señor*, haciendo uso de un sarcasmo deliberado. «No lo conozco, y no voy a dejar ir a Israel». Sus brazos están doblados sobre el pecho; la mandíbula apretada. Luego acusa a los esclavos de ser perezosos y les duplica su carga de trabajo.

Agotados, muchos israelitas maldicen a Moisés, acusándolo de volver las cosas mucho peor con toda su charla tonta de libertad. Miriam siempre ha sabido que la lucha por la libertad no sería fácil, pero nunca esperó que el desafío que ahora se presentaba viniera desde adentro de su propia comunidad.

Con todo, Moisés y Aarón no se dan por vencidos, por lo que vuelven a la corte del faraón. Aarón deja caer al suelo su vara y esta se transforma en una serpiente. El faraón trata de ocultar su sorpresa. Seguramente, piensa, esto no es nada más que un truco. Así que llama a sus hechiceros para ver si pueden hacer lo mismo. Curiosamente, ellos arrojan al piso sus propias varas y se convierten en un nido de serpientes que se arrastran silbando.* No obstante, antes de que el faraón tenga tiempo para jactarse, la vara de Aarón se come a todas las serpientes de sus hechiceros.

Los magos dan un paso atrás. La señal es inconfundible. El Dios de Moisés y Aarón ha desafiado y derrotado a la diosa Uadyet, cuyo emblema es la serpiente, la cobra en la corona del faraón. El faraón también está impresionado. Sin la protección mística de Uadyet, ¿cómo podría permanecer su reino? Aun así, su corazón es tan duro como el pedernal, y no va a dejar ir al pueblo de Dios.

De modo que la batalla continúa con plaga sobre plaga sobre plaga. El Nilo se convierte en sangre, la tierra se llena de ranas, el polvo se convierte en mosquitos, grandes enjambres de moscas invaden la tierra, el ganado perece, furúnculos supurantes aparecen en animales y humanos por igual.

En medio de estos horrores, Miriam siente que su esperanza está brotando como la savia de un árbol. Sabe que Dios está trabajando para liberar a su pueblo y que ella debe ayudar a prepararse para su viaje fuera de Egipto, el cual podría ocurrir cualquier día.

---

* En el antiguo Egipto había magos que conocían la práctica de encantar serpientes poniéndolas en un estado rígido, como en trance. Véase *The Archeological Study Bible*, ed. Walter C. Kaiser Jr. (Grand Rapids: Zondervan, 2005), p. 96.

Hay más plagas. El granizo destruye la vegetación, las langostas devoran lo que queda, las tinieblas cubren la tierra y —lo peor de todo— el latir de los corazones de cada primogénito en Egipto es silenciado, y hay luto y lamentos y dolor como la nación nunca antes conoció. Todo ha ocurrido según Dios y Moisés dijeron que ocurriría. Solo la tierra de Gosén, donde el pueblo de Dios vive, está a salvo.

Finalmente, en medio de la noche, cuando los egipcios están contando sus muertos, el faraón convoca a Moisés. «¡Largo de aquí! ¡Aléjense de mi pueblo ustedes y los israelitas! ¡Vayan a adorar al Señor como lo han estado pidiendo! Llévense también sus rebaños y sus ganados, como lo han pedido, ¡pero váyanse ya!».

En su prisa por librarse de sus antiguos esclavos, los egipcios los colman de oro, plata y ropa fina, como si hubiesen sido saqueados por un ejército conquistador.

De esta manera Moisés, Miriam y Aarón, y toda la muchedumbre de esclavos hebreos además de todos los que optan por salir de Egipto, inician su marcha fuera del país. Las mujeres van adornadas con hermosos anillos, collares y brazaletes de oro desde la muñeca hasta el codo. Los hombres cargan pesadas bolsas llenas de plata. Los niños saltan y juegan, ajenos a los peligros de su nueva aventura.

La gran multitud de esclavos abandona la tierra de su cautividad cantando y danzando, pero no al principio, pues faraón hace un último esfuerzo estúpido por alcanzarlos en su marcha hacia el mar.

Vienen en carros de guerra. Grandes nubes de polvo van quedando a su paso. Los israelitas son presa del pánico. Claman: «¡Estamos perdidos, atrapados entre el mar y los carros del faraón!». Miriam y Aarón tratan de imponer la calma mientras Moisés le dice al pueblo: «No tengan miedo. Mantengan sus posiciones, que hoy mismo serán testigos de la salvación que el Señor realizará en favor de ustedes. A esos egipcios que hoy ven, ¡jamás volverán a verlos! Ustedes quédense quietos, que el Señor presentará batalla por ustedes».

Luego Moisés extiende sus brazos, y toda la noche el Señor mantiene atrás a los perseguidores egipcios mientras desata un fuerte viento del este para separar las aguas del mar de modo que los israelitas puedan atravesarlo caminando en tierra firme.

Una multitud de personas —jóvenes y viejos— con todos sus rebaños avanza a través del camino abierto con paredes de agua a ambos lado. Mientras un viento ensordecedor todavía hace retroceder las olas, el faraón llega a la orilla del agua e insta a sus carros a seguir adelante, anticipando la masacre que pronto les causaría a sus esclavos que huyen. No obstante, sus carros se atascan en el barro y las ruedas se desprenden. Para cuando el faraón se da cuenta de su error, ya es demasiado tarde.

Una vez que el pueblo de Dios se encuentra seguro al otro lado, Moisés levanta los brazos de nuevo y las paredes de agua caen sobre los enemigos de Israel. Soldados, caballos y carros se ahogan bajo las olas del mar embravecido, permaneciendo para siempre enterrados en una tumba de agua.

Entonces Miriam toma un tambor[*] y comienza a dirigir al pueblo en una gran danza de victoria mientras la gente recrea la batalla que Dios acaba de ganar. Su falda gira como remolino y oscila mientras baila y canta una canción que nunca se olvidará.

Canten al SEÑOR, que se ha coronado de triunfo
arrojando al mar caballos y jinetes.

Luego Moisés, junto con Aarón y Miriam, llevan al pueblo adelante en su largo y arduo viaje a través del desierto. Y a medida que marchan, Dios habla. A veces se le presenta a Miriam en visiones y sueños. Ella es una profeta, una mujer a la que Dios le confía orientaciones divinas y palabras sabias.

Aun así, un día ella y Aarón comienzan a murmurar. El pueblo es difícil de guiar, el viaje es más largo de lo que se habían imaginado. ¿Por qué solo Moisés toma todas las decisiones? ¿No ha hablado Dios también a través de ellos? Sus quejas van en aumento y llegan a excederse, y comienzan a criticar a Moisés públicamente por haberse casado con una mujer extranjera.[†] Sin embargo, eso no es más que un pretexto. Lo que ellos quieren es poder, un papel más destacado que el que tienen. Y el Señor los escucha hablando contra su siervo Moisés.

---

[*] Aunque el texto bíblico traduce la escena como si Miriam estuviera tocando una pandereta, los estudiosos indican que la pandereta aún no se había inventado. Es más probable que el texto se refiera a un tambor de mano de algún tipo. Véase Miriam Feinberg Vamosh, *Women in the Time of the Bible* (Nashville, TN: Abingdon, 2007), p. 66.

[†] Moisés se casó con una mujer cusita antes de volver a Egipto para liberar al pueblo de la esclavitud.

De una vez, Dios cita a los tres y hace que se presenten ante él. Luego llama a Miriam y Aarón. «Escuchen mis palabras», trona desde la columna de nube que flota sobre el tabernáculo.

«Cuando un profeta del Señor
    se levanta entre ustedes,
yo le hablo en visiones
    y me revelo a él en sueños.
Pero esto no ocurre así con mi siervo Moisés,
    porque en toda mi casa él es mi hombre de confianza.
Con él hablo cara a cara,
    claramente y sin enigmas.
Él contempla la imagen del Señor.
    ¿Cómo se atreven a murmurar
contra mi siervo Moisés?».

La ira de Dios se enciende contra los dos, y cuando la nube se levanta, Miriam se encuentra cubierta de escamas blancas. Está leprosa como la nieve.

Horrorizado por lo que le ha sucedido a su hermana, Aarón le ruega a Moisés que ore. «Por favor», le dice, «pídele a Dios que levante esta maldición». Como Moisés es más humilde que cualquier otra persona en la faz de la tierra, hace lo que Aarón le pide, clamando al Señor: «¡Oh, Dios, por favor, sánala!».

Y Dios responde con palabras que queman en el corazón de Miriam: «Si su padre le hubiera escupido el rostro, ¿no habría durado su humillación siete días? Que se le confine siete días fuera del campamento, y después de eso será readmitida». Miriam es sanada y perdonada, pero no antes de que esté separada del pueblo por siete días. Durante su aislamiento, tiene tiempo para reflexionar sobre la maldad que ella y su hermano Aarón han hecho. Es cierto que Dios ha hablado con ella. Que la ha hecho líder y profeta. No obstante, ella no es Moisés. Ella no fue sacada de las aguas y criada en la familia del faraón. No se había reunido con Dios cara a cara como su hermano lo había hecho.

Miriam piensa en la historia de José y sus hermanos celosos, y así como no le gusta lo que recuerda, se da cuenta de que ella también ha perdido una batalla con los celos. Ha sido tan ciegamente celosa que no se percató de que ella y Aarón estaban poniendo en peligro el futuro de su pueblo al desafiar a Moisés y las palabras que Dios habló a través de él.

Sin embargo, ¿por qué no hubo castigo para Aarón? Tal vez porque Dios en su sabiduría no quiso que la adoración en el tabernáculo se viera interrumpida por la ausencia de Aarón como sumo sacerdote.

Después de siete días de un castigo leve, según piensa Miriam, se le restaura a la comunidad y el pueblo parte de nuevo. Luego de cuarenta años de andar errante y experimentando muchas aventuras difíciles en el camino, el pueblo de Dios finalmente se acerca a la Tierra Prometida, pero Miriam no la alcanzará, ni Aarón, ni Moisés. Los tres morirán antes de entrar en ella.

El pueblo los llora cuando está a punto de tomar posesión de una gran promesa de Dios: darles una tierra donde fluye leche y miel. Un paraíso propio. La tarea de guiarlos no le corresponderá a Moisés, sino a Josué, un guerrero que puede dirigirlos con seguridad a través de todas las batallas que se avecinen.

LOS TIEMPOS

Su historia probablemente tuvo lugar desde aproximadamente 1533 A.C. a 1406 A.C.

La historia de Miriam se encuentra en Éxodo 2—3; 5; 7.1-13; 12.3-36; Números 12.

Aunque no es posible fijar con certeza la época exacta del éxodo, parece claro que los israelitas fueron en un tiempo esclavizados en Egipto. A diferencia de los egipcios que a lo largo de su historia adoraron a unos mil quinientos dioses, los israelitas adoraron solo a uno: Dios, cuyo nombre es *Yahweh*.

Es únicamente por escuchar a Yahweh y hacer caso a sus instrucciones que Moisés resulta capaz de guiar a los israelitas fuera de Egipto. Y es solo por acatar el liderazgo de Moisés que Miriam, Aarón y el pueblo pudieron sobrevivir en el desierto.

La batalla entre Moisés y el faraón es una epopeya que simboliza la batalla entre el bien y el mal. Es una batalla no meramente entre humanos, sino entre Dios y todos los dioses falsos de los egipcios que han esclavizado a su pueblo.

Aun hoy en día, la historia del éxodo le da forma a la comprensión tanto de judíos como de cristianos que creen que cada uno de nosotros puede identificarse con la historia de una forma personal. Así como los israelitas fueron cautivos del faraón, que personifica el mal, nosotros también somos acosados por los malvados, de quienes solo Dios puede librarnos. Si lo seguimos a él, nos sacará de la cautividad para llevarnos a una vida de libertad.

Aunque Miriam es castigada con «lepra» por oponerse a su hermano, hay poca evidencia de que en el antiguo Cercano Oriente haya estado presente la enfermedad de Hansen. El término hebreo traducido como «lepra» probablemente se refería a enfermedades tales como la tiña, la soriasis o el eczema.

Como es a menudo el patrón en las Escrituras, Dios usa héroes improbables de una manera improbable para alcanzar sus propósitos. Aunque Moisés y Aarón se enfrentan al faraón, es Dios mismo quien pelea. Esta batalla épica, como todas las batallas espirituales, no puede ganarse con las fuerzas humanas, sino solo con el poder de Dios.

ALGO PARA PENSAR

1. Imagínese que usted es una de las mujeres que jugó un papel determinante en la salvación de Moisés: una partera hebrea, Jocabed, Miriam o la hija del faraón. ¿Qué experimenta en su mente y su corazón al confrontar las circunstancias?

2. ¿Cómo ha trabajado Dios en su propia vida para librarle del mal?

3. La gente que nunca ha estado allí piensa de Egipto como un vasto desierto, ignorando la exuberancia de la tierra alrededor del río Nilo. Moisés vivió los primeros cuarenta años de su vida en una tierra fértil. ¿Por qué habrá permitido Dios que los siguientes cuarenta años los pasara en el desierto antes de elegirlo para que guiara a su pueblo durante otros cuarenta años a través del desierto?

4. El primer encuentro de Moisés con Dios ocurrió en el monte
   Horeb, también conocido como el monte Sinaí. En lugar de
   guiar al pueblo israelita por un camino directo a la Tierra
   Prometida, Dios los llevó primero a la montaña sagrada, donde
   se encontraron con él y recibieron sus mandamientos. Comente
   sobre el significado de esto.

5. ¿Qué adjetivos usaría para describir a Miriam? ¿De qué maneras
   es usted como ella? ¿De qué maneras se considera diferente a
   ella?

CAPÍTULO 5

Una mujer de la noche terrible

LA HISTORIA DE RAJAB

Cómo una mujer sin honra dice una mentira y salva el día

Reconoce, por tanto, que el SEÑOR tu Dios es el Dios verdadero,
el Dios fiel, que cumple su pacto generación tras generación.
Deuteronomio 7.9

Cada vez que Rajab va al mercado, siempre habrá mujeres que reunidas en pequeños corrillos cuchichean acerca de ella mientras lanzan risitas socarronas. Si embargo, esta mujer se limita a echar su frondosa cabellera hacia atrás y mover las caderas provocativamente, burlándose a su vez de ellas.

Están celosas, piensa, porque disfruta de una vida cinco veces mejor que la de ellas. Además, porque sus maridos no dejan de mirarla, lo que le dice que ellos se preguntan cómo sería acariciar su piel color oro miel y dejar correr sus dedos por su imponente cabellera de pelo rizado. Las mujeres se desquitan dándole aun más trabajo a sus lenguas. Las palabras que salen de sus bocas son como pequeños «dardos» llenos de insultos.

Sin embargo, eso a Rajab no le importa. Ella lo tiene todo. Un próspero negocio, buena salud y un ingenio vivaz. Además, le gusta romper los esquemas. Sorprender a la gente. Una mujer emprendedora, dueña de una casa, una posada* ubicada en un punto estratégico de las murallas impenetrables que protegen la ciudad. Debido a su ubicación cerca de la puerta, no se le escapa nada y lo ve todo: los que entran y los que salen. Viajeros de toda la región llevan y traen noticias sobre lo que pasa en el mundo más allá de Jericó. Por eso no es extraño que el gobernante de la ciudad envíe a sus emisarios con cierta regularidad a la casa de Rajab para obtener información de inteligencia militar.

Algunos de los huéspedes solo buscan una cama donde pasar la noche, mientras otros quieren compartir la de ella. Además de administrar la posada, Rajab trabaja el lino, macerando los largos tallos y luego poniéndolos a secar en la azotea para extraer posteriormente las finas hebras. Sin embargo, hoy no es el lino ni el hilado lo que capta su atención, sino las terribles visiones que se agolpan en su mente debido a los rumores que le han llegado. ¿Qué pasará con sus padres, sus hermanos y hermanas, y todos sus hijos si los rumores resultan verdad?

---

* El término empleado para «prostituta» también pudo haber significado posadero. En esa época los posaderos eran a menudo asociados con las prostitutas.

Los comerciantes que forman parte de las grandes caravanas que atraviesan la región no paran de hablar acerca de la presencia de una gran multitud acampada en Sitín, a dieciséis kilómetros al este de Jericó, en el otro lado del río Jordán. Rajab ha escuchado las historias sobre cómo los israelitas salieron triunfantes de Egipto y la forma en que su Dios intervino separando las aguas para que el pueblo pudiera cruzar el mar caminando hacia la libertad. Ella sabe que estos antiguos esclavos han soportado cuarenta años en el desierto y son alimentados con una comida misteriosa llamada maná. Quizás eso es lo que los ha hecho tan fuertes. Ya han aniquilado a Og y Sijón, reyes de los amorreos. Y todo el mundo dice que Jericó será la próxima ciudad en caer.

Sin embargo, Jericó ha sobrevivido a los ataques durante milenios. ¿Cómo podría la ciudad más antigua del mundo ser conquistada? Sus muros son sólidos y altos, imposibles de escalar. Aun así, sus habitantes tiemblan y grandes oleadas de miedo los atacan cuando cada nueva noticia se añade a la última, hablando de las milagrosas proezas que ha estado haciendo el Dios de Israel.

Como todos los demás, Rajab tiene miedo. No obstante, sus temores no pueden hacer disminuir su curiosidad. ¿Cómo es que un grupo de esclavos que vivió en Egipto por más de cuatrocientos años se ha librado de su cautiverio convirtiéndose en un poderoso ejército? ¿Y por qué adoran a un solo Dios, un Dios que habla desde una columna de nube de día y una columna de fuego por la noche?

¡Ah, si ella pudiera conocer el poder protector de ese Dios! Si él pudiera tenerla en sus brazos poderosos y mantenerla a salvo.

La noche se acerca. El tiempo más ajetreado del día. Dos desconocidos acaban de llegar, y algo en la forma de sus caras y el corte de la barba la ponen en estado de alerta. Ella está acostumbrada a tratar con extranjeros, pero no como estos. Su piel es oscura y curtida, sus ojos brillan y parecen llenos de un propósito singular.

«Ustedes son israelitas, ¿verdad?», les dice.

Los hombres tratan de hacer que guarde silencio, pero no lo niegan. Entonces, en un segundo, Rajab decide ponerse del lado de ellos.

«Vengan conmigo», les indica.

Los lleva a la azotea, donde grandes atados de lino se están secando, y les dice que se escondan debajo de ellos.

Momentos más tarde llegan otros visitantes. Rajab abre la puerta para encontrarse con los soldados del rey. «Entréganos a los hombres que están en tu casa», le ordenan. «Son espías».*

Ella se lleva las manos a la garganta en una actitud de sorpresa fingida, como para hacerles ver su extrañeza ante el hecho de haberles dado refugio en su casa a espías. «Dos hombres estuvieron aquí», les responde, «pero yo no sabía quiénes eran. Salieron de la ciudad al anochecer, justo antes de que las puertas se cerraran. No tengo idea de hacia dónde se han ido. Si se van ahora mismo, es posible que los alcancen y los atrapen».

Los hombres asumen que el temblor de su voz es producido por el miedo al descubrir que había tenido tan cerca al enemigo. Una vez que se han ido, ella se asoma a la ventana y ve que los hombres se dirigen a toda prisa hacia los vados del río Jordán.

Luego sube a la azotea para alertar a los hombres que siguen escondidos entre los atados de lino, y les dice: «Yo sé que el Señor les ha dado esta tierra, y por eso estamos aterrorizados; todos los habitantes del país están muertos de miedo ante ustedes. Tenemos noticias de cómo el Señor secó las aguas del Mar Rojo para que ustedes pasaran, después de haber salido de Egipto. También hemos oído cómo destruyeron completamente a los reyes amorreos, Sijón y Og, al este del Jordán. Por eso estamos todos tan amedrentados y descorazonados frente a ustedes. Yo sé que el Señor y Dios es Dios de dioses tanto en el cielo como en la tierra. Por lo tanto, les pido ahora mismo que juren en el nombre del Señor que serán bondadosos con mi familia, como yo lo he sido con ustedes. Quiero que me den como garantía una señal de que perdonarán la vida de mis padres, de mis hermanos y de todos los que viven con ellos. ¡Juren que nos salvarán de la muerte!».

«¡Juramos por nuestra vida que la de ustedes no correrá peligro!», prometen los hombres. Luego le dicen que ate a la ventana un cordón escarlata para que reconozcan su casa cuando invadan la ciudad. No importa lo que suceda, ella va a tener que asegurarse de que todos los miembros de su

---

* El Código de Hammurabi (un conjunto de leyes en Mesopotamia que data de alrededor de 1772 a.c.) afirma: «Si hubiera una mujer posadera en cuya casa se reúnen criminales, y ella no los detiene y entrega a las autoridades, tal mujer posadera será castigada con la muerte». Citado en Richard S. Hess, «Joshua», *Zondervan Illustrated Bible Backgrounds Commentary on the Old Testament*, ed. John H. Walton (Grand Rapids: Zondervan, 2009), 2:19.

familia, desde los más jóvenes hasta los más viejos, permanezcan dentro de la casa. Tan solo un momento afuera puede significar la muerte.

Rajab está de acuerdo y entonces baja a los espías por la ventana mediante una cuerda con la recomendación de que se escondan en las montañas durante tres días.

Cuando los dos hombres finalmente llegan a Sitín, le cuentan a Josué todo y ven cómo una sonrisa se dibuja en su rostro curtido. «Sin duda», les dice, «el Señor mismo ha llenado de miedo a Jericó». Como sucesor de Moisés, va a confiar en Dios con respecto a que la victoria será suya. Aunque no tiene la menor idea de cómo él y sus hombres van a escalar los muros de la ciudad, reúne al pueblo, e inician la marcha hasta que llegan a la orilla oriental del río Jordán.

En el verano, el río es solo un hilillo de agua, pero en la primavera su corriente es rápida y abundante. Un hombre fuerte podría cruzarlo, pero cualquier otra persona moriría en el intento. Aun así, Josué les dice a los sacerdotes que tomen el arca del pacto, que es la promesa de la presencia de Dios, y entren con ella en el río.

Los sacerdotes están seguros de que no podrán con la corriente, excepto por una cosa: Dios va con ellos. Aunque eran solo unos niños cuando salieron de Egipto, recuerdan cómo Dios les abrió un camino a través del Mar Rojo cuando se sintieron atrapados por el ejército del faraón. Ahora se han convertido en un poderoso ejército camino de la tierra que Dios les prometió. Así que hacen exactamente como les dice Josué.

Tan pronto como sus pies tocan el agua, el río deja de fluir y la tierra comienza a secarse. Lentamente avanzan hacia el medio del lecho del río con el arca. Permaneciendo allí de pie, esperan durante horas hasta que el último israelita ha cruzado. Luego caminan en procesión hasta el otro lado. Tan pronto como ellos y el arca están seguros en la orilla del río, el agua empieza a correr de nuevo y el río vuelve a su condición normal.

Ahora están a solo ocho kilómetros de Jericó.

Pasan unos días. Dios vuelve a hablarle a Josué y él hace exactamente lo que el Señor le dice.

Mientras tanto, dentro de las murallas de la ciudad, nadie entra ni nadie sale. Hay demasiado miedo. El pánico se ha apoderado de la ciudad, porque todo el mundo ha oído hablar de cómo los israelitas han cruzado milagrosamente el Jordán.

La casa de Rajab se ha llenado de parientes. Ella mira por la ventana y ve cómo el ejército israelita avanza hacia la ciudad. En lugar de acometer contra los muros, marchan alrededor de ellos llevando una caja dorada que centellea por efecto del sol. En la parte superior de la caja hay dos ángeles dorados mirándose entre sí, sus alas extendidas como para protegerla. Sostenida con dos varas largas, la caja sagrada es precedida por siete sacerdotes que hacen sonar siete cuernos de carnero. Ni una sola palabra se escucha mientras los israelitas marchan alrededor la ciudad. Rajab oye solo el ruido de los pies al marchar y el sonido de los cuernos. Después que los soldados han rodeado la ciudad una vez, regresan al campamento.

Nadie sabe el motivo de estas marchas tan extrañas. Eso no es lo que esperaban los ciudadanos de Jericó.

Lo mismo ocurre al día siguiente y al otro. Durante seis días, los israelitas marchan alrededor de la ciudad llevando su hermosa caja dorada. Si la intención ha sido aterrorizar a los habitantes de Jericó, lo han logrado con creces. Muchos ya no pueden soportar el sonido de los cuernos.

Sin embargo, Rajab no es uno de estos. En lugar de terror, siente una extraña calma. Cada vez que ve pasar el arca dorada, siente una presencia que le da paz.

El séptimo día, en lugar de marchar alrededor de la ciudad una vez, los israelitas siguen marchando. Rodean la ciudad siete veces. Y a la séptima vuelta, cuando el terror ha llegado a su punto más alto, un gran grito sale de las gargantas de todos los israelitas. Se eleva como una ola de sonido que pareciera que va a hacer saltar el mundo en pedazos. Y de repente, los muros que rodean la ciudad colapsan. La pequeña casa de Rajab se inclina, se agrieta un poco, pero no cae. Rajab ora que los espías cumplan su palabra.

Desde la seguridad de su casa, ella escucha el choque de las armas y gritos de dolor que congelan el corazón. La ciudad es rápidamente dominada y reducida a cenizas. De todos los que vivían dentro de sus muros, solo ella y su familia se salvaron.

Al igual que Noé y su familia, Rajab y su gente escapan de la gran destrucción que viene como castigo por los pecados de aquellos que viven en la tierra. En lugar de un barco, es una casa la que los cobija. Debido a que Rajab creyó en el Dios de Israel y arriesgó su vida para ayudar a su pueblo, ella y su familia se salvaron.

Si alguien de Jericó hubiese podido contar la historia, el papel desempeñado por Rajab se habría descrito no con palabras como *valor* y *fe,* sino con términos como *traición* y *engaño.* No obstante, según ocurrió, nadie quedó vivo para decir lo contrario, y así la historia se traspasó de generación en generación dentro del pueblo de Dios.

Después de haber salido de la ciudad destruida, Rajab y su familia se instalan a vivir con los israelitas. Uno de sus descendientes será David, el más grande de los reyes de Israel. Más notable que eso, ella sería reconocida por las generaciones futuras como antecesora de Jesús, que es el Cristo.

LOS TIEMPOS

Su historia pudo haber tenido lugar alrededor de 1406 A.C.

La historia de Rajab se encuentra en Josué 2—3 y 6. Se le menciona también en Mateo 1.5; Hebreos 11.31; Santiago 2.25.

Jericó era una ciudad fortificada con unos dos mil habitantes. Siendo también llamada la Ciudad de las Palmeras, estaba localizada junto a una importante ruta comercial a solo veinticuatro kilómetros de Jerusalén. Las evidencias arqueológicas establecen su existencia en el noveno milenio antes de Cristo, lo cual podría hacerla la ciudad más antigua del mundo.

Antes de atacar Jericó, los israelitas celebraron la Pascua comiendo algunos productos de la tierra. Al día siguiente, el maná que los había alimentado a lo largo de todo su peregrinar por el desierto cesó. Ya no lo necesitaban más (Josué 5.11-12).

Cuando los espías israelitas entraron a Jericó, se dieron cuenta de que Dios ya estaba trabajando dentro de la ciudad para debilitarla, esparciendo «un gran temor» hacia ellos, como les dijo Rajab.

Era primavera cuando Josué guió al pueblo a través del río Jordán, un tiempo en que el río está crecido. La Biblia dice que las aguas que venían de arriba se detuvieron como en un montón, bien lejos de la ciudad de Adán (Josué 3.16). Jericó está localizada en el Valle del Rift, una región poco segura con frecuente actividad sísmica. Es posible que un terremoto haya derribado las altas orillas del río más arriba del lugar por donde pasaron los israelitas. En 1997, un terremoto en las cercanías de Adán removió un terraplén de unos cincuenta metros de alto que detuvo el flujo del río por veintiuna horas. Quizás los muros de Jericó colapsaron debido a un segundo terremoto, lo que hizo que Josué y sus hombres traspasaran sin dificultad las defensas de la ciudad.*

Sin embargo, ¿cómo pudo, la casa de Rajab, haber sobrevivido a un terremoto? Excavaciones efectuadas a principios del siglo veinte han demostrado que una porción de los muros de la parte baja de la ciudad no colapsó. Las casas que estaban construidas en esos muros permanecieron intactas.

ALGO PARA PENSAR

1. Hay sorprendentes similitudes y algunas diferencias en la forma en que los israelitas comenzaron y terminaron su peregrinar de cuarenta años por el desierto. En ambas instancias tiene lugar un cruce milagroso de aguas intransitables. Los dos sucesos ocurrieron cerca de la celebración de la Pascua. En el primero, a Israel lo estaban persiguiendo. En el segundo, ellos eran los perseguidores. ¿Cómo explica usted las similitudes y las diferencias?

2. Los sacerdotes israelitas tenían que poner los pies en el agua antes de que la corriente se detuviera. ¿Alguna vez ha actuado simplemente sobre la base de su confianza en Dios, arriesgándose antes de experimentar la respuesta a una oración o el cumplimiento de una promesa? Si su respuesta es sí, ¿cuáles fueron los resultados?

3. La orden de marchar siete veces alrededor de Jericó tiene que haberle sonado muy extraña a Josué. ¿Hasta qué punto habría cambiado la historia si hubiera desobedecido a Dios y aplicado

---

* Véase «Crossing the Jordan» en *The Archeological Study Bible*, ed. Walter C. Kaiser, Jr. (Grand Rapids: Zondervan, 2005), p. 306.

su propia estrategia? ¿Cuáles son las implicaciones para nuestras vidas como hombres y mujeres de fe?

4. A muchos de nosotros la aniquilación de toda criatura en Jericó nos parece cruel e inhumana. Sin embargo, las Escrituras describen la conquista de Canaán como un juicio contra los pecados de los pueblos que habitaban esas tierras. Entre otras cosas, se decía que los cananeos habían practicado el sacrificio de niños. ¿Cree que Dios juzga hoy en día a los pueblos de forma similar trayendo destrucción a sus vidas? ¿Por qué sí o por qué no?

5. Rajab estuvo dispuesta a arriesgar su vida para proteger a los espías. ¿A qué clase de riesgos se ha expuesto usted para expresar su confianza en Dios?

6. En Éxodo, Moisés es el héroe que se agiganta justo frente a sus enemigos. En este episodio del libro de Josué, Dios usa a Rajab como un agente encubierto que ayudará a su pueblo a vencer a sus enemigos. ¿Qué dice esto sobre la habilidad de Dios para actuar a favor de los suyos?

CAPÍTULO 6

Una sorpresa terrible

LA HISTORIA DE DÉBORA Y JAEL

Dios escogió lo insensato del mundo para avergonzar a los sabios,
y escogió lo débil del mundo para avergonzar a los poderosos.
1 Corintios 1.27

*D*ébora no puede recordar alguna ocasión en que haya dejado de orar. Cuando era niña, no orar habría sido como no poder brincar por los verdes prados, ni recoger flores silvestres en primavera, ni reírse de un buen chiste. Una imposibilidad.

Le pedía a Dios que la hiciera hermosa y fuerte, y lo suficientemente inteligente como para complacer a su padre y ser más lista que sus hermanos. Que bendijera a todos los bebés que diera a luz su madre y que en su casa hubiera menos gritos y más amabilidad. Oraba incluso para que la más tonta de sus ovejas se comportara bien cuando las estaba cuidando.

Aprendió a darle gracias a Dios por cada oración contestada. Y cuando creció, Dios le enseñó a darle las gracias incluso por aquello que no le gustaba y las veces que él le dijera que no.

Una oración que no había recibido respuesta era que Dios la hiciera hermosa. Sin embargo, ahora que ya es grande sus enormes ojos marrones y la paz que irradia a través de ellos atraen a los demás. La gente confía en ella.

Su marido sabe que ha encontrado un tesoro, porque ella le ha traído el bien todos los días de su vida. Su sabiduría le ha ayudado a aumentar su riqueza y mejorar su reputación. Siente ganas de reír cada vez que piensa en su buena fortuna. ¿Cómo es que él, un hombre común y corriente, ha encontrado a una mujer revestida de tanta fuerza y dignidad? ¿Una mujer que lo ama más que a sí misma y cuya sabiduría ha llegado a ser legendaria?

Cada día, Débora se sienta debajo de una gran palmera para reunirse con su pueblo. La gente viene a ella para que le ofrezca una palabra de Dios. ¿Llegarán las lluvias este año tarde o temprano? ¿Está Dios complacido con mi sacrificio? ¿Nos nacerá un hijo? ¿Tengo la razón y mi vecino está equivocado? ¿Me recuperaré de esta enfermedad?

Débora sabe que su pueblo no es fuerte y muchas personas están siendo acosadas por los problemas. Algunos acuden a ella como si fuera una adivina capaz de engañar a los dioses para hacer su voluntad. No obstante, ella cree en un solo Dios, el Dios de sus antepasados, de Abraham y Sara, de Rajab y Josué. El suyo es un Dios que recorre los más altos cielos, los cielos más antiguos, un Dios que habla con voz de trueno y hasta los vientos le obedecen. Ella oye su voz con regularidad, a veces en el trueno, pero más a menudo en el silencio.

Han pasado casi doscientos años desde que los muros de Jericó fueron derribados y la ciudad reducida a cenizas. Aunque el pueblo de Débora entró a Canaán como una fuerza imparable, no pudieron expulsar a todas las personas que habitaban aquella tierra.

Hubo demasiado pecado para lograr eso. Mucha debilidad.

Inclinándose ante los baales de Canaán, que les prometían campos fértiles y un gran número de hijos, se olvidaron de cómo Dios los había librado de la mano del faraón malvado. Esto ha sido así desde que Josué y la generación que le siguió murió. Sus hijos y los hijos de sus hijos han olvidado la severa advertencia de Josué.

«Esfuércense por cumplir todo lo que está escrito en el libro de la ley de Moisés. No se aparten de esa ley para nada. No se mezclen con las naciones que aún quedan entre ustedes. No rindan culto a sus dioses ni juren por ellos. Permanezcan fieles al Señor vuestro Dios, como lo han hecho hasta ahora. El Señor ha expulsado a esas grandes naciones que se han enfrentado con ustedes, y hasta ahora ninguna de ellas ha podido resistirlos. Uno solo de ustedes hace huir a mil enemigos, porque el Señor pelea por ustedes, tal como lo ha prometido. Hagan, pues, todo lo que está de su parte para amar al Señor su Dios. Porque si ustedes le dan la espalda a Dios y se unen a las naciones que aún quedan entre ustedes, mezclándose y formando matrimonios con ellas, tengan por cierto que el Señor su Dios no expulsará de entre ustedes a esas naciones. Por el contrario, ellas serán como red y trampa contra ustedes, como látigos en sus espaldas y espinas en sus ojos, hasta que ustedes desaparezcan de esta buena tierra que el Señor su Dios les ha entregado».

No obstante, en lugar de hacerle caso a la advertencia de Josué, el pueblo ha dejado que una gran ola de maldad caiga sobre ellos. Y su resaca constante los aleja cada vez más de Dios.

Debido a su fracaso en cuanto a seguir al Señor, miles de israelitas son derrotados por un solo hombre: Sísara. Él es un despiadado mercenario que responde únicamente a Jabín, rey de Canaán, el cual gobierna en Jazor, al norte. Debido a la infidelidad de su pueblo, Dios permitió que Sísara los hostigara y oprimiera durante veinte años. En el tiempo de nuestra historia,

la maldad se ha extendido por toda la tierra y los caminos están práctica-
mente vacíos. Nadie se atreve a viajar, y el pueblo se ha empobrecido.

Aun así, Dios no les ha vuelto completamente el rostro. En cambio,
su oído se inclina para escuchar los lamentos de su pueblo, esperando que
clamen a él para restaurarlos una vez más. Es con este fin que ha levantado
a Débora para que los guíe, una mujer más audaz que cualquier hombre.

Un día, Dios le habla. Rápidamente la manda a decirle a Barac, hijo
de Abinoán, de Cedes en el norte: «El Señor, el Dios de Israel, ordena:
"Ve y reúne en el monte Tabor a diez mil hombres de la tribu de Neftalí
y de la tribu de Zabulón. Yo atraeré a Sísara, jefe del ejército de Jabín,
con sus carros y sus tropas, hasta el arroyo Quisón. Allí lo entregaré en
tus manos"».

Sin embargo, esta es una orden terrible para Barac, porque él sabe que
no es Moisés ni Josué, sino solo un hombre que quiere vivir, dejar vivir y
disfrutar de un poco de paz. Pero no hay paz.

En un intento de superar las diferencias entre lo que él teme y lo que
Dios le está ordenando que haga, le manda a decir a Débora: «Sólo iré si
tú me acompañas; de lo contrario, no iré», Él sabe que usando a Débora
como bandera podrá reunir a las tropas y levantar un ejército para que lo
siga.

Sin embargo, a Débora no le cae muy bien esta respuesta. Por eso, le
dice: «¡Está bien, iré contigo! Pero, por la manera en que vas a encarar
este asunto, la gloria no será tuya, ya que el Señor entregará a Sísara en
manos de una mujer».

Débora se dirige entonces a Cedes, a ciento cuarenta y cuatro kilómetros de allí, para encontrarse con Barac. Con ella a su lado, Barac logra
organizar un ejército de diez mil hombres. Dirigiéndose al sur, planean
atraer a Sísara hacia ellos para enfrentarlo en batalla.

Mientras tanto, un quenita de nombre Héber,* que tiene su campamento cerca de Cedes, le informa a Sísara que Barac y su ejército han
subido al monte Tabor. Queriendo aprovechar la oportunidad para aplas-
tar la rebelión, Sísara lleva a su ejército y novecientos carros para la batalla.

---

* Siendo un hombre con lealtades divididas, Héber estaba en paz con Jabín, señor de
Sísara. No obstante, también es un descendiente de Hobab, cuñado de Moisés, que ayudó a los
israelitas a encontrar su camino a través del desierto. Ver Números 10.29-32.

Como siempre, se siente muy confiado. Está seguro de que sus carros lo hacen invencible. Sin embargo, el astuto Barac ha llevado sus tropas a la montaña, hasta donde los carros no pueden llegar. Aun así, Sísara sabe que tarde o temprano los israelitas tendrán que bajar y enfrentarlo.

Mientras tanto, Débora ha establecido su campamento en la montaña junto con Barac y sus tropas. Ella está totalmente protegida no por las armas de guerra, sino por la oración al Dios que la ama. Se niega a imaginarse lo que un enemigo tan despiadado como Sísara podría hacerle a una mujer capturada en la batalla. Más bien, su atención está puesta totalmente en escuchar la voz de Dios. Cuando la oye, se dirige a Barac diciéndole: «¡Adelante! Éste es el día en que el SEÑOR entregará a Sísara en tus manos. ¿Acaso no marcha el SEÑOR al frente de tu ejército?».

Con el grito atronador de Débora zumbándole en los oídos, Barac y sus hombres se lanzan montaña abajo para encontrarse con Sísara y sus impresionantes carros de guerra. Irrumpiendo a través de verdaderas cortinas de lluvia que caen sobre el valle, las tropas israelitas ven lo que Débora ya había visto: a Dios peleando por ellos. La lluvia torrencial y repentina ha desbordado el arroyo Quisón, convirtiendo el campo de batalla en un lodazal. Así, de un momento a otro, los novecientos carros de guerra que son el poderío de Sísara se convierten en su mayor debilidad. Empantanados en el barro, hombres y carros son un blanco fácil para Barac y sus soldados, que dan muerte a todos sin dejar vivo ni siquiera a uno.

No obstante, Sísara escapa. Abandonando su carro, huye a pie. Sus piernas robustas le permiten correr kilómetros y kilómetros. En algún momento le parece que debe descansar, pero sigue corriendo. Por fin logra divisar a través de la lluvia lo que le parece un lugar de refugio. En efecto, ahí adelante están las tiendas de Héber el quenita. Sísara sabe que Héber y su gente están en paz con Jabín, y por lo tanto con él.

Sin embargo, al llegar a las tiendas, no es el quenita el que sale a recibirlo, sino su esposa, Jael. Aunque la situación angustiosa de Sísara es evidente, Jael lo saluda no como al perdedor de una batalla, sino como a un amigo que necesita ayuda. «Ven, mi señor», le dice. «Entra a mi tienda. No tengas miedo». Él duda en hacerlo, pues no está bien que un hombre entre en la tienda de una mujer, pero al fin lo hace. Ha encontrado el lugar perfecto para esconderse. Nadie pensaría en buscarlo allí.

Tiernamente, como si se tratara de atender a uno de sus hijos, Jael lo cubre con una manta mientras Sísara permanece sobre el suelo de la tienda. Le sirve un poco de leche y le dice que descanse.

«Párate en la entrada de la tienda», le ordena Sísara. «Si alguien se acerca y te pregunta: "¿Hay alguien aquí?", contéstale que no».

Ella asiente, pero Sísara no alcanza a advertir el pequeño gesto de Jael y el brillo en sus ojos mientras se aleja. Sísara sabe muy bien de qué son capaces los hombres, pero no tiene idea de lo que puede hacer una mujer. Así es que se rinde al sueño.

Jael es un alma inteligente y fuerte que está acostumbrada al trabajo de las mujeres, como armar y desarmar tiendas. Ahora se dedica a la tarea que tiene a mano, tomando un mazo y una estaca de la tienda. Sin desperdiciar sus movimientos y sin ningún tipo de vacilación, camina hasta donde duerme Sísara y se para a su lado. Él está exhausto, de modo que duerme profundamente. Después de hacer una oración en silencio, con una decisión absoluta, alza el brazo y deja caer con todas sus fuerzas la estaca en la sien de Sísara. Le atraviesa la cabeza y la punta de la estaca se clava en el suelo.

Luego espera. Cuando Barac llega en su intento por detener a Sísara, Jael sale a saludarlo. «Ven», le dice, «te mostraré al hombre que buscas». Barac la sigue solo para ver a su enemigo ya muerto. El malvado Sísara, el poderoso general, ha sufrido la muerte más humillante que un guerrero puede soportar. Ha perecido a manos de una mujer.

Desde ese día, la mano de los israelitas se hace más fuerte y más fuerte, y Jabín, el rey cananeo, se hace cada vez más débil, hasta que por fin es destruido.

El mismo día que Sísara muere, Débora y Barac cantan esta canción:

«¡Sea Jael, esposa de Héber el quenita,
     la más bendita entre las mujeres,
la más bendita entre las mujeres
     que habitan en carpas!...
Su mano izquierda tomó la estaca,
     su mano derecha, el mazo de trabajo.
Golpeó a Sísara, le machacó la cabeza
     y lo remató atravesándole las sienes.

A los pies de ella se desplomó;
    allí cayó y quedó tendido.
Cayó desplomado a sus pies;
    allí donde cayó, quedó muerto...
¡Así perezcan todos tus enemigos, oh Señor!
Pero los que te aman sean como el sol
    cuando sale en todo su esplendor».

De este modo termina la historia de cómo surgió Débora, una madre de Israel, y cómo Jael, una mujer que vivía en tiendas, avergonzó al enemigo y libró al pueblo que Dios amaba.

Después de eso, la tierra de Israel gozó de paz durante cuarenta años.

LOS TIEMPOS

Esta historia probablemente tuvo lugar alrededor de 1209 A.C.

Débora gobernó Israel entre 1209 y 1169 A.C.

La historia de Débora y Jael se encuentra en Jueces 4—5.

Las profecías eran algo común en el antiguo Cercano Oriente. En muchos reinos paganos se establecían profetas cuya tarea era respaldar las políticas de los reyes reinantes. En contraste, Dios llamaba a los verdaderos profetas de Israel y ellos eran responsables solo ante él. Con frecuencia, daban sus mensajes en oposición a los gobernadores de Israel que se rebelaban contra Dios.

En la sociedad patriarcal de Israel era raro que una mujer asumiera funciones de liderazgo. Una excepción se daba en el campo de las profecías, en el que podían ser profetas tanto hombres como mujeres. Además de ser profetisa, Débora era considerada una jueza o líder de Israel antes de que los israelitas tuvieran reyes. A diferencia de los jueces modernos, los líderes mencionados en el libro de Jueces eran héroes libertadores a quienes Dios levantaba para rescatar a su pueblo cada vez que se arrepentían de sus pecados y clamaban a él pidiendo ayuda.

Al escoger a dos mujeres para rescatar a su pueblo, una de las cuales era extranjera, Dios estaba avergonzando a sus enemigos y exponiendo ante ellos su gran poder, como si pudieran ser derrotados sin esfuerzo alguno.

De las dos mujeres de la historia, sin duda que Jael sería la que habría impresionado más a sus contemporáneos. A lo largo de su historia, fue ella quien siempre llevó la iniciativa. A pesar de que su marido estaba en paz con Jabín y por tanto con Sísara, Jael parece haber actuado de forma independiente, pasando por encima de ese acuerdo que existía entre ellos. También se habría considerado muy impropio que saliera a darle la bienvenida a Sísara y lo invitara a entrar a su tienda. Por lo demás, en el antiguo Cercano Oriente la hospitalidad se consideraba una obligación sagrada, tan sagrada que se esperaba que el anfitrión protegiera a sus invitados a costa de su propia vida. Sin embargo, Jael invierte la fórmula habitual al darle muerte al hombre que se ha refugiado en su tienda. Incluso en la escena final, ella toma la iniciativa de salir de su tienda para encontrarse con Barac cuando él viene en busca de Sísara.

Tal como Débora había profetizado, la gloria por la victoria no fue para Barac, sino para una mujer. En realidad, fue para dos mujeres. Débora, quien había comenzado la guerra, y Jael, que la terminó.

ALGO PARA PENSAR

1. En el Antiguo Testamento Dios a menudo juzgaba a su pueblo permitiendo que sufrieran las consecuencias por no confiar en él ni obedecerle. ¿Cómo se manifiesta esa dinámica en el mundo de hoy en las vidas tanto de los individuos como de las naciones?

2. A través de Débora, Dios prometió que él iría delante de su pueblo y pelearía por ellos. ¿Cómo ha peleado Dios a favor suyo?

3. A través de todo el Antiguo Testamento, y especialmente en el libro de Jueces, vemos emerger claramente un patrón. El pueblo de Dios clama por ayuda. Dios los rescata. Ellos se alejan de Dios y son sometidos a opresión. Claman por ayuda. Él los rescata. ¿Qué le dice a usted este ciclo acerca de Dios? ¿Y acerca de la naturaleza humana? ¿Y acerca de lo que tendríamos que hacer cuando sentimos que estamos bajo opresión?

4. ¿Cuándo fue la última vez que Dios le pidió que hiciera algo y usted pensó que estaba por encima de sus capacidades? ¿Cómo respondió? ¿Cuáles fueron los resultados?

CAPÍTULO 7

Una enamorada terrible

LA HISTORIA DE DALILA

*Desde la ventana de mi casa miré a través de la celosía. Me puse
a ver a los inexpertos, y entre los jóvenes observé a uno de ellos
falto de juicio. Cruzó la calle, llegó a la esquina, y se encaminó
hacia la casa de esa mujer. Caía la tarde. Llegaba el día a su fin.
Avanzaban las sombras de la noche... Se prendió de su cuello, lo
besó, y con todo descaro le dijo... Ven, bebamos hasta el fondo
la copa del amor; ¡disfrutemos del amor hasta el amanecer!...
Y él en seguida fue tras ella, como el buey que va camino al
matadero; como el ciervo que cae en la trampa... pues muchos
han muerto por su causa; sus víctimas han sido innumerables.*

Proverbios 7.6-9, 13, 18, 22, 26

Acurrucada, Dalila duerme abrazada a él, con la cabeza descansando en su impresionante pecho. Él también duerme. A veces sus ronquidos son tan estruendosos que ella piensa que el techo de su casa va a salir volando. Luego gruñe, gime y vuelve la cabeza en un momento de agitación. A pesar de las pesadillas que experimenta de vez en cuando, nunca se despierta antes que el primer rayo de luz se cuele por debajo de la puerta. Su sueño es tan profundo que Dalila está segura de que podría seguir durmiendo hasta que el mundo se acabe.

Antes de irse a la cama, Sansón le cuenta sus historias. La mayoría de ellas sobre su tema favorito: él mismo cuando era un niño, luego mientras era adolescente, y después como un líder de Israel. Le dice que un ángel predijo su nacimiento y que él ha sido consagrado a Dios para siempre. Le cuenta cómo mató y descuartizó a un león sin más armas que sus manos, y que mató a mil de sus enemigos con solo una quijada de burro. ¡Ah, cómo odia a los filisteos!

Cuando se trata de conversar sobre la inutilidad de los filisteos, nada refrena su lengua. Habla de incendiarles los campos para destruir sus cultivos y sembrar el terror por donde pasa. Sería una forma de vengarse por el modo en que lo han tratado a él y su pueblo, los israelitas.

Siendo rápido para satisfacer sus ansias de poder y placer, cree que nadie se lo puede impedir, porque es el ungido del Señor, el héroe de la historia que Dios está contando. Como un ejército de un solo hombre, ha guiado a su pueblo por veinte años.

No mucho tiempo atrás unos hombres se reunieron junto a las puertas de Gaza. Planeaban darle muerte en cuanto se asomara. (No le dijo a Dalila que había pasado la noche con una prostituta). Sin embargo, en cuanto los vio, arrancó de cuajo las puertas de pesada madera de la ciudad junto con sus respectivos postes y barrotes, se las echó al hombro, y se fue con ellas a la cumbre del monte que está delante de Hebrón, dejando a la ciudad de Gaza indefensa.

Al recordar estos detalles, ríe con gran estruendo haciendo que Dalila salte asustada alejándose de él. Esto lo hace reír aun más.

No obstante, ella ya conoce sus hazañas. Su fuerza es lo que lo hace tan atractivo, al menos para Dalila. A ella le gusta la dureza de sus músculos y el grosor de sus brazos mientras la abraza. «Eres invencible», piensa de él, y a menudo se lo dice así.

Sansón disfruta con su admiración, pero eso no le impide mantenerse hablando. Ella se arrima más a él cuando le cuenta de Abraham y Sara, y cómo Dios prometió darle esta tierra a su pueblo. Conoce la historia de Moisés y cómo Miriam dirigió la danza de la victoria cuando cruzaron el Mar Rojo. Y casi puede ver a Débora y Barac celebrando su victoria sobre Sísara.

Con todo, si su Dios ha hecho tales maravillas, se pregunta por qué Israel parece tan débil. Sansón le ha dicho que dos de las doce tribus han venido peleando entre ellas y las otras son acosadas por los enemigos externos. Pero Sansón solamente se encoge de hombros cuando ella le pregunta por qué son tan débiles. No se molesta en hablarle de la infidelidad de su pueblo o sobre cómo guardar los mandamientos de Dios está ligado a la prosperidad de Israel. Tampoco le dice que algunos de su propio pueblo lo traicionaron con los filisteos. ¡Qué aduladores son! Siempre inclinándose y arrastrándose ante sus amos extranjeros.

Sansón es el hombre más grande que Dalila haya visto jamás, pero ella sabe que no lo es porque haya realizado tantas maravillas por él mismo. Algunos dicen que cuando el Espíritu cae sobre Sansón, es lo bastante fuerte como para levantar dos montañas y sostenerlas en sus manos. Y casi les cree lo que dicen de él. Por el momento, ella está contenta con dejar que la fuente de su fuerza siga siendo un misterio. Es suficiente con disfrutar de su poder.

Un día, cuando Sansón no está, los gobernantes filisteos van a hablar con ella. Hombres violentos, gente de mar que se han asentado en la costa, acostumbrados a hostigar y oprimir. Si no fuera por este Sansón, podrían hacer lo que les plazca. Sin embargo, él es como una avalancha, un hombre que causa estragos dondequiera que va.

Aunque el poder siempre ha sido el afrodisíaco favorito de Dalila, ahora ellos la tientan con algo aún más seductor: dinero contante y sonante. Suficiente como para sentirse segura por el resto de su vida.

«Eres hermosa», le dicen, algo que ella ya sabe. «Tienes a Sansón en tus manos». Eso también lo sabe.

Luego le ofrecen un soborno. «Si puedes hacer que te diga cuál es el secreto de su fuerza para que podamos dominarlo, cada uno de nosotros te dará mil cien siclos de plata». Se trata de una cantidad asombrosa, una oferta que revela lo desesperado que están estos hombres.

No se necesita mucho tiempo para que Dalila cambie de bando y comience a jugar un juego con Sansón, pidiéndole que le revele el secreto de su gran fuerza para poder atarlo y someterlo.

A Sansón le encantan estos intentos de ella, pues la encuentra a la vez hermosa y divertida, así que le sigue el juego, diciéndole: «Si se me ata con siete cuerdas de arco que todavía no estén secas, me debilitaré y seré como cualquier otro hombre».

Entonces los filisteos le suministran a Dalila siete cuerdas frescas para atarlo. Así lo hace ella, y mientras los filisteos están ocultos en una habitación contigua, grita: «¡Sansón, los filisteos se lanzan sobre ti!». No obstante, él simplemente rompe las cuerdas como si fueran débiles hebras, y el secreto de su fuerza sigue siendo un misterio.

«Me has engañado, diciéndome mentiras», lo regaña ella. «Dime la verdad de cómo se te puede atar». Y lo acaricia como si quisiera decirle que lo perdona.

Aún jugando con ella, Sansón le dice: «Si se me ata firmemente con sogas nuevas, sin usar, me debilitaré y seré como cualquier otro hombre».

Dalila le cree y lo ata de nuevo, gritando: «¡Sansón, los filisteos se lanzan sobre ti!». Sin embargo, como antes, Sansón rompe las sogas nuevas como si fueran hilos, y sus enemigos huyen rápidamente.

Esta vez Dalila se pone de muy mal humor y le da una cachetada. Cuando Sansón la sujeta por las muñecas y la atrae hacia él, Dalila vuelve a exigirle que le diga la verdad.

Suspirando, como queriendo demostrar que ella finalmente ha ganado la partida, le dice: «Si entretejes las siete trenzas de mi cabello con la tela del telar, y aseguras ésta con la clavija, me debilitaré y seré como cualquier otro hombre».

Un día, mientras Sansón se encuentra profundamente dormido y roncando, Dalila teje las siete trenzas en el telar* tal como él le ha dicho.

---

* Posiblemente un telar horizontal fijado firmemente al suelo,

En otro momento cómico, Dalila grita, diciéndole a Sansón que los filisteos lo tienen atrapado, pero él simplemente se incorpora, sacando su cabello del telar.

Ahora ella está en verdad furiosa. Lo enfrenta: «¿Cómo puedes decir que me amas cuando no confías en mí? Esta es la tercera vez que me has hecho hacer el ridículo y no me has dicho dónde está el secreto de tu fuerza».

Las acusaciones de Dalila son un asedio interminable que por fin lo hace ceder.

Y un día le dice la verdad. «Nunca ha pasado navaja sobre mi cabeza, porque soy nazareo,* consagrado a Dios desde antes de nacer. Si se me afeitara la cabeza, perdería mi fuerza, y llegaría a ser tan débil como cualquier otro hombre».

Sintiendo que finalmente le ha dicho la verdad, Dalila se lo manda a decir a los filisteos. Esta vez vienen cargando bolsas con monedas de plata.†

Mientras Sansón duerme plácidamente con su cabeza descansando en el regazo de Dalila, un hombre le corta las siete trenzas. Esta vez, cuando Dalila le grita: «¡Sansón, los filisteos se lanzan sobre ti!», se despierta y trata como otras veces de controlar la situación, pero bastan unos segundos para que se percate de que se ha convertido en alguien tan débil como los demás hombres. Dios lo ha abandonado.

Dalila cubre con sus manos sus oídos para ahogar sus gritos cuando los filisteos le sacan los ojos.‡ Luego lo arrastran fuera de Gaza. Más tarde, ella se entera de cómo lo humillan en la prisión, forzándolo a moler grano como si fuera una mujer.

En pocos meses le llega la noticia de que los filisteos están llevando a cabo un gran festival. Los filisteos adoran a Dagón, el dios del grano. Ahora el hombre que trató de destruir su grano incendiando los campos se halla completamente bajo su poder. Miles se reúnen junto con sus gobernantes en el templo de Dagón, ávidos por ver al hombre fuerte al

---

* Números 6.1-8 indica que alguien bajo un voto nazareo debía abstenerse de tres cosas: (1) cualquier bebida embriagante, incluyendo comer uvas o pasas; (2) cortarse el cabello; y (3) entrar en contacto con un cuerpo muerto, ya sea humano o animal.

† Aproximadamente ciento cuarenta libras de plata.

‡ Una práctica común en el antiguo Cercano Oriente, sobre todo cuando se trata de cautivos peligrosos.

que expondrán públicamente para su diversión. Tan pronto como lo ven, alaban a Dagón, diciendo:

«Nuestro dios ha entregado en nuestras manos
    a nuestro enemigo,
al que asolaba nuestra tierra
    y multiplicaba nuestras víctimas».

Sin embargo, a los filisteos les espera una sorpresa muy desagradable, porque el Dios de Sansón ha aparecido en escena y a Dagón le ha llegado su hora. Ciego y con grilletes como está, el cabello de Sansón ha vuelto a crecer, y puede sentir que su fuerza regresa. Seguro de que Dios está con él, empieza a preparar su venganza.

Él le pide a su guardia: «Ponme donde pueda tocar las columnas que sostienen el templo, para que me pueda apoyar en ellas». A fin de que el guardia no tenga dudas, se desploma un poco, como si no fuera más que un pobre ciego ya sin fuerzas por el mucho trabajo que ha tenido que hacer. No obstante, una vez en posición, estira los brazos y pone cada mano contra una columna, al tiempo que ora: «Oh soberano SEÑOR, acuérdate de mí. Oh Dios, te ruego que me fortalezcas sólo una vez más, y déjame de una vez por todas vengarme de los filisteos por haberme sacado los ojos... ¡Muera yo junto con los filisteos!».

Luego empuja con toda su fuerza, y el templo de Dagón se viene abajo, aplastando a todos y matando a tres mil hombres y mujeres que están de pie en el techo.

A medida que la noticia se extiende por toda la región, Dalila puede oír los lamentos. Los filisteos están sufriendo debido a la vergüenza que ha caído sobre su dios y la pérdida de tantas vidas.

No obstante, difícilmente alguien se lamentará por Sansón. Habiendo sido elegido por Dios para tener un papel muy especial —iniciar la liberación de su pueblo— se las arregló para cumplirlo no siendo sabio y bueno, sino llevando a cabo un acto final de violencia autodestructiva. En su muerte, Sansón mató a más enemigos de Israel que los que había matado durante toda su vida. Fuerte por fuera, pero débil internamente, gobernó sobre Israel durante veinte años.

¿En cuanto a Dalila? Extraña a Sansón solo un poco, pero no demasiado. En lugar de llorarlo, su corazón está lleno de visiones de la buena vida que se ha asegurado. Ya no depende de un hombre para suplir sus necesidades, sino que ahora puede hacer exactamente lo que le plazca. Su futuro parece seguro. Alguien podría llamarla insensible, cándida o estúpida. Sin embargo, ella simplemente se llama a sí misma afortunada: es libre y rica más allá de sus sueños.

LOS TIEMPOS

Su historia probablemente tuvo lugar alrededor de 1055 A.C.
La historia de Dalila se encuentra en Jueces 13—16.

A diferencia del libro de Josué, que refleja un período glorioso de conquista en la historia de Israel, el libro de Jueces se refiere a un tiempo de terrible declinación, en el cual «cada uno hacía lo que bien le parecía» (21.25). Sansón fue un ejemplo típico de esta tendencia, un hombre cuya fuerza prodigiosa no pudo compensar su debilidad moral.

Después de haberse establecido en Canaán, muchos de los israelitas empezaron a practicar la idolatría, adorando a deidades paganas como Baal (el dios de las tormentas y la fertilidad) y Astarté (la diosa de la fertilidad). Repitiendo el patrón de Éxodo en el cual el viaje desde Egipto hasta Canaán pudo haberse hecho en días en lugar de durar años, la conquista y la consolidación del poder de Israel en la Tierra Prometida tardó entre trescientos y cuatrocientos años, exhibiendo las consecuencias del fracaso de los israelitas en cuanto a confiar en Dios lo suficiente para obedecerle.

Durante el período aproximado de doscientos años descrito en el libro de Jueces, no hay una evidencia clara de que alguno de los jueces representara a todas las tribus de Israel. A veces los jueces se levantaron al mismo tiempo en oposición a la opresión localizada.

Sansón y Dalila vivieron en un período en el que los filisteos gobernaron sobre el suroeste de Palestina. La gente marítima que había emigrado desde el mar Egeo se estableció a lo largo de la costa de Israel y luego comenzó a moverse hacia el este. La palabra *Palestina* se deriva de su nombre.

Aunque los israelitas no habían asimilado la tecnología de la Edad de Hierro, los filisteos probablemente sabían cómo fundir y forjar productos metálicos, incluso aquellos hechos de hierro. Este conocimiento les dio una fuerte ventaja militar, ayudándolos a avanzar contra los pueblos que ya estaban establecidos en Canaán. Aunque los filisteos tenían su propia cultura, incluyendo el lenguaje, la vestimenta, las armas y la cerámica, adoptaron rápidamente las prácticas religiosas cananeas, incluyendo la adoración del dios Dagón.

Aunque el texto no identifica el origen étnico de Dalila, ella pudo haber sido una filistea.

ALGO PARA PENSAR

1. Dalila es uno de los pocos personajes femeninos en la Biblia cuyo carácter parece totalmente negativo. Si usted fuera a pensar en ella como una persona multifacética, ¿qué temores e inseguridades se imagina que pudo haber habido detrás de sus decisiones y comportamientos?

2. En la historia, Dalila parece funcionar básicamente como una trampa para un hombre que había sido elegido por Dios a fin de guiar a su pueblo. ¿Qué clase de trampas enfrenta usted en sus esfuerzos por vivir para Dios?

3. Por lo general, en el mundo antiguo en el que se desarrolla la historia de Dalila las mujeres tenían poco poder. Como a menudo sucede en tales circunstancias, Dalila hizo uso de la manipulación para salirse con la suya. ¿Cómo ha experimentado la tentación de usar la manipulación cuando se ha sentido impotente?

4. ¿Por qué cree que Dios trabajó a través de un deplorable personaje como Sansón? ¿Qué le revela esta historia acerca de Dios y sus planes?

CAPÍTULO 8

Un tiempo terrible

LA HISTORIA DE NOEMÍ Y RUT

**Cómo dos mujeres desesperadas encuentran
un hogar y un futuro lleno de esperanza**

*Den, y se les dará: se les echará en el regazo una medida
llena, apretada, sacudida y desbordante. Porque con la
medida que midan a otros, se les medirá a ustedes.*

Lucas 6.38

Por lo menos han pasado seiscientos años desde que Tamar se hizo pasar por prostituta y engañó a su suegro aceptando dormir con él. Aquella sola noche produjo unos hermanos gemelos, el mayor de los cuales fue Fares. Y fue a través de él que Dios preservó a la tribu de Judá.

Ahora, en los tiempos de los jueces, cuando no hay rey y domina el caos, vive un hombre llamado Elimélec, que es descendiente de Fares. Él habita en una ciudad llamada Belén, un nombre que significa «casa del pan», aunque por ese entonces es difícil encontrar pan en toda la tierra de Judá.

A fin de preservar a su familia, Elimélec toma a su esposa, Noemí, y sus dos hijos, Majlón y Quilión, y emprende un viaje al este, hacia las ricas tierras altas de Moab, al otro lado del Mar Muerto. En Moab* hay ríos y lluvia, y suficiente alimento para todos. Se va de mala gana, esperando que esta sea una estancia breve. Sin embargo, ni él ni sus hijos volverán a ver Belén otra vez.

Aunque Noemí tiene poco para comer, le está agradecida a Dios por haber llenado su casa con las ruidosas bromas de un esposo y dos hijos. Ella sabe estar contenta mientras su familia permanezca unida.

No obstante, mientras permanecen en Moab, la tragedia se cierne sobre ellos. Elimélec se enferma y muere. Su deceso es tan rápido y el dolor por su pérdida tan agudo que Noemí se pregunta cómo hará para sobrevivir.

En cuanto a sus hijos Majlón y Quilión, ahora ya son hombres con esposas moabitas, llamadas Orfa y Rut. Noemí las ama a las dos. En medio de su dolor le da gracias a Dios, porque aun cuando es viuda, no es una indigente. Tiene a dos hijos amados y sus esposas para que velen por ella.

Sin embargo, no sabe que dentro de poco la tragedia volverá a golpearla.

En rápida sucesión, ambos hijos de Noemí también mueren. Ahora no hay solo una viuda, sino tres, y todas enfrentan la ruina. Perder al marido

---

* Génesis 19.37 indica que los moabitas eran descendientes de Moab, que fue producto de una relación incestuosa entre el sobrino de Abraham, Lot, y la hija mayor de este.

es una tragedia, pero quedarse sin hijos es una maldición. Con la pérdida de su marido y sus hijos, el dolor y el miedo hacen presa de Noemí. Siendo una extranjera en Moab, no tiene a nadie que vele por ella. Sin duda Dios debe estar disgustado con ella para haberse llevado a su esposo y sus dos hijos.

No pasa mucho tiempo para que llegue a su conocimiento que la tierra de Judá ha sido bendecida con lluvia y abundantes cosechas. Finalmente, la sequía ha terminado. A pesar de que el camino que va de Moab a Belén está lleno de asaltantes, Noemí decide arriesgarse y regresar. Sus nueras, Orfa y Rut, insisten en viajar con ella. Con la ayuda de Dios, las tres mujeres llegarán a Belén a tiempo para la cosecha de abril.

A pesar de todo lo que las ama, Noemí está preocupada. De modo que antes de que las tres hubieran llegado muy lejos, se vuelve a sus nueras y les dice: «¡Miren, vuelva cada una a la casa de su madre! Que el SEÑOR las trate a ustedes con el mismo amor y lealtad que ustedes han mostrado con los que murieron y conmigo. Que el SEÑOR les conceda hallar seguridad en un nuevo hogar, al lado de un nuevo esposo».

Al darles el beso de despedida, las dos jóvenes lloran y no se quieren separar de ella. No quieren dejarla que enfrente sola los peligros del camino.

Sin embargo, Noemí no cede. «¡Vuelvan a su casa, hijas mías!... ¿Para qué se van a ir conmigo? ¿Acaso voy a tener más hijos que pudieran casarse con ustedes? ¡Vuelvan a su casa, hijas mías! ¡Váyanse! Yo soy demasiado vieja para volver a casarme. Aun si abrigara esa esperanza, y esta misma noche me casara y llegara a tener hijos, ¿los esperarían ustedes hasta que crecieran? ¿Y por ellos se quedarían sin casarse? ¡No, hijas mías! Mi amargura es mayor que la de ustedes; ¡la mano del SEÑOR se ha levantado contra mí!».

Noemí cree que Dios la odia.

Por su parte, Orfa la ama. Aun así, entiende los argumentos expuestos por Noemí. ¿Querría alguien en la tierra de Judá casarse con una empobrecida viuda moabita? Entre lágrimas, deseando que el mundo fuera diferente de como es, besa a su suegra, se despide de ella y regresa a Moab. Sin embargo, Rut se niega a imitarla.

Noemí insiste. «Rut», le dice, «tu cuñada se ha vuelto a su gente y a sus dioses. Anda. Vuelve con ella».

Pero la joven no la escucha. «¡No insistas en que te abandone o en que me separe de ti! Porque iré adonde tú vayas, y viviré donde tú vivas. Tu pueblo será mi pueblo, y tu Dios será mi Dios.* Moriré donde tú mueras, y allí seré sepultada. ¡Que me castigue el Señor con toda severidad si me separa de ti algo que no sea la muerte!».

¡Bella, maravillosa Rut! Noemí se siente aliviada porque finalmente su nuera ha ganado la controversia.

Después de varios días de viaje, las dos arriban a Belén, un acontecimiento que suscita un considerable entusiasmo. «¿No es Noemí?», exclaman sus vecinos, sorprendidos de que hayan pasado diez años desde que ella y su familia se fueron a Moab.

«Ya no me llamen Noemí», dice ella. «Llámenme Mara, porque el Todopoderoso ha colmado mi vida de amargura. Me fui con las manos llenas, pero el Señor me ha hecho volver sin nada. ¿Por qué me llaman Noemí† si me ha afligido el Señor, si me ha hecho desdichada el Todopoderoso?». Luego les cuenta de su gran angustia, del vacío que siente después de haber perdido a su esposo y a sus dos hijos.

Noemí se ha convertido en lo que toda mujer más teme: una viuda sin medios de supervivencia a la vista.

Aunque Rut todavía llora la pérdida de su marido, su dolor se ve aliviado al pensar en el cuidado que tendrá que prodigarle a Noemí. A pesar de sus quejas, su suegra no es difícil de amar. Con la bendición de Noemí, se dirige a los campos a recoger lo que los cosechadores han dejado. Más que una mera costumbre, dicha práctica está consagrada en la ley. Todo terrateniente debe abstenerse de cosechar las orillas de su campo para dejar que los pobres recojan lo que ha quedado. Si tiene suerte, Rut recogerá suficiente grano como para que ella y Noemí se mantengan con vida. No obstante, el trabajo es duro y peligroso, sobre todo para una joven extranjera sin miembros de su familia que la defiendan ante la posibilidad de cualquier atropello.

Rut empieza a trabajar en un campo que pertenece a un hombre llamado Booz. A media mañana, lo ve hablar con su capataz y luego

---

* La mayoría de los pueblos en el antiguo Cercano Oriente adoraban dioses que solo creían que operaban entre su propia gente en una determinada región geográfica. Dejando Moab, Rut también debe dejar atrás los dioses de Moab.

† *Noemí* significa «agradable». *Mara* significa «amargo».

encaminarse hacia ella. Es un hombre alto, de cabello color gris que le llega hasta los hombros y una amplia sonrisa de bienvenida, el cual la saluda. «Escucha, hija mía. No vayas a recoger espigas a otro campo, ni te alejes de aquí; quédate junto a mis criadas, fíjate bien en el campo donde se esté cosechando, y síguelas. Ya les ordené a los criados que no te molesten. Y cuando tengas sed, ve adonde están las vasijas y bebe del agua que los criados hayan sacado».

Sorprendida por su amabilidad, Rut se inclina y le dice: «¿Cómo es que le he caído tan bien a usted, hasta el punto de fijarse en mí, siendo sólo una extranjera?».

«Ya me han contado», le respondió Booz, «todo lo que has hecho por tu suegra desde que murió tu esposo; cómo dejaste padre y madre, y la tierra donde naciste, y viniste a vivir con un pueblo que antes no conocías. ¡Que el SEÑOR te recompense por lo que has hecho! Que el SEÑOR, Dios de Israel, bajo cuyas alas has venido a refugiarte, te lo pague con creces».

Sus palabras se sienten como una bendición.

Más tarde ese día, Booz le ofrece una generosa porción de pan y grano tostado para comer. Luego les ordena a sus hombres: «Aun cuando saque espigas de las gavillas mismas, no la hagan pasar vergüenza. Más bien, dejen caer algunas espigas de los manojos para que ella las recoja, ¡y no la reprendan!».

Rut trabaja duro hasta el anochecer. Después de la trilla de la cebada, mide lo recogido en el día: dos tercios de un almud. ¡Suficiente para que ella y Noemí se alimenten por varias semanas! Cuando va de regreso a casa, se fija en un ave que se posa en su nido. Pensando en los polluelos que cobija bajo sus alas, le agradece a Dios por haber hallado su propio lugar: el refugio de sus brazos poderosos.

Una vez que llega a casa, Noemí se asombra. No puede creer la cantidad de grano que Rut ha cosechado en un solo día. «¿De quién es el campo donde espigaste? ¡Bendito sea el hombre que se fijó en ti!».

Cuando Noemí se entera de que el campo es de Booz, exclama: «Ese hombre es nuestro pariente cercano; es uno de los parientes que nos pueden redimir».

Mientras el mes de abril transcurre y llega mayo, Rut sigue trabajando en el campo de Booz. Un día, su suegra urde un plan. «Hija», le dice, «¿no debería tratar de encontrar una casa permanente para ti donde tengas todo lo que necesitas? Esta noche Booz estará aventando la cebada en la era. Esto es lo que debes hacer. Perfúmate, ponte tus mejores ropas y luego ve a la era. Pero no dejes que te vea hasta que haya terminado de comer y beber. Fíjate en el lugar en el que se acuesta. Después, te acercarás a él, descubrirás sus pies, y te acostarás allí. Él te dirá lo que tengas que hacer».

Rut hace exactamente como Noemí le dice. Se fija que Booz se acuesta en el otro extremo de la parva de granos. Él y sus hombres pasarán la noche en la era con el fin de proteger la cosecha. Una vez que todo está tranquilo, Rut se acuesta al lado de Booz después de destaparle los pies.[*]

Ella tiembla al hacer esto, preguntándose cómo irá a reaccionar Booz cuando despierte. Y se duerme. Sueña que una enorme águila vuela por encima de ella, y le oye cantar estas palabras: *Si pones al Altísimo por tu morada, él te cubrirá con sus plumas y bajo sus alas hallarás refugio.*

A medianoche, Booz se despierta, sorprendido de encontrar a una mujer acostada a sus pies. «¿Quién está ahí?», pregunta.

«Soy Rut, su sierva. Extienda sobre mí el borde de su manto,[†] ya que usted es un pariente que me puede redimir», dice ella.

Al darse cuenta Booz de que le está proponiendo matrimonio, le responde: «Que el Señor te bendiga, hija mía. Esta nueva muestra de lealtad de tu parte supera la anterior, ya que no has ido en busca de hombres jóvenes, sean ricos o pobres. Y ahora, hija mía, no tengas miedo. Haré por ti todo lo que me pidas. Todo mi pueblo sabe que eres una mujer ejemplar. Ahora bien, aunque es cierto que soy un pariente que puede redimirte, hay otro más cercano que yo. Quédate aquí esta noche. Mañana, si él quiere redimirte, está bien que lo haga. Pero si no está dispuesto a hacerlo, ¡tan cierto como que el Señor vive, te juro que yo te redimiré!».

Rut se acuesta a sus pies hasta la mañana, pero se va antes de la salida del sol, por lo que nadie se da cuenta de su presencia. Antes de irse ella, Booz vierte seis medidas de cebada en su chal.

---

[*] Una vez que el trabajo hubiera concluido, los cosechadores comerían juntos y luego se acostarían para proteger el grano. Como por las noches en la era había gran cantidad de hombres, las prostitutas acostumbraban visitar esos lugares.

[†] *kānāp* se traduce como «borde de su manto». También se puede traducir como «alas». Cubrir a alguien con el borde del manto simboliza el matrimonio y todavía es una costumbre que se sigue practicando en algunas partes del Oriente Medio.

Luego se dirige directamente a la ciudad y espera en la puerta hasta que pase el hombre que es pariente cercano de Noemí. Cuando se encuentran, Booz le dice: «Noemí, que ha regresado de la tierra de Moab, está vendiendo el terreno que perteneció a nuestro hermano Elimélec. Consideré que debía informarte del asunto y sugerirte que lo compres en presencia de estos testigos y de los ancianos de mi pueblo. Si vas a redimir el terreno, hazlo. Pero si no vas a redimirlo, házmelo saber, para que yo lo sepa. Porque ningún otro tiene el derecho de redimirlo sino tú, y después de ti, yo tengo ese derecho».

«Yo lo redimo», dice el pariente, feliz ante la posibilidad de añadir tierra a lo que ya tiene.

No obstante, hay un detalle que Booz se apresura a revelar. «El día que adquieras el terreno de Noemí, adquieres también a Rut la moabita, viuda del difunto, a fin de conservar su nombre junto con su heredad».

Esto es demasiado para el hombre, que rápidamente cambia de parecer y retira su oferta. No está dispuesto a adquirir una nueva esposa cuya descendencia futura tomará el nombre del primer marido de Rut y que será la que herede la tierra.

Después que Booz ha despejado hábilmente el camino para sí mismo, proclama su amor por Rut en presencia de todo el pueblo.

De esta manera, Rut se convierte en su esposa y da a luz a un hijo. Su nombre es Obed, quien se convertirá en el padre de Isaí, quien se convertirá en el padre de David, quien se convertirá en el rey más grande de Israel.

Como todo el mundo sabe, es a partir de la línea de David que nacerá el Salvador.

Por causa de dos mujeres desesperadas y el Dios que se preocupó por ellas, el mundo llegaría un día a conocer a otro Redentor. Él sería el que liberaría a su pueblo, cancelando sus deudas y dándole un futuro lleno de esperanza.

LOS TIEMPOS

Su historia tiene lugar en alguna época entre 1400 y 1050 A.C.

La historia de Noemí y Rut se encuentra en la Biblia, en el libro de Rut.

Una viuda sin hijos que velaran por ella después de la muerte de su esposo quedaba en tal desamparo que no era raro que para sobrevivir decidiera venderse como esclava o prostituirse. Aunque Dios le había dado el mandamiento a su pueblo de proteger a las viudas, muchos aspectos de la ley mosaica eran ignorados durante el tiempo de los jueces. A pesar de que la ley (Levítico 19.9-10; 23.22; Deuteronomio 24.19-21) les ordenaba a los terratenientes dejar restos del producto cosechado en los campos para que los pobres los recogieran, muchos simplemente hacían caso omiso a esta ordenanza.

Además de la tarea de espigar y el matrimonio levirato, una viuda podía apelar a un pariente redentor, o *go'el,* para que actuara en su nombre. En tales casos, se esperaba que el pariente masculino más cercano la rescatara o liberara (o a otros miembros familiares empobrecidos) pagando las deudas o recuperando las propiedades que habían sido vendidas, ya que sin tierra la gente difícilmente podría sobrevivir.

El Nuevo Testamento presenta a Jesús como nuestro gran Redentor, quien a través de su propio sacrificio canceló todas las deudas que habíamos adquirido por nuestros pecados, liberándonos del mal y haciéndonos personas libres.

ALGO PARA PENSAR

1. A través de todas las Escrituras vemos que Dios decide cambiarle el nombre a algunas personas a fin de indicar un propósito más grande para sus vidas. Por ejemplo: «Abram» llega a ser «Abraham», «Sarai» se convierte en «Sara» y «Simón» se cambia a «Cefas». En el caso de Noemí, no es Dios el que le cambia el nombre, sino es la propia Noemí quien se lo cambia: «Ya no me llamen Noemí», les dice a sus coterráneos de Belén. «Llámenme Mara porque el Todopoderoso ha colmado mi vida de amargura. Me fui con las manos llenas, pero el Señor me ha hecho volver sin nada. ¿Por qué me llaman Noemí?». ¿Qué revelan estas palabras sobre su estado mental? ¿Cómo podría usted cambiarse el nombre basado en su propia circunstancia?

2. Erróneamente, Noemí piensa que su sufrimiento es un castigo de Dios. ¿Ha pensado alguna vez que las pruebas por las que ha

pasado han sido una evidencia del enojo que Dios sentía hacia usted? Al mirar al pasado, ¿ve ahora aquellas experiencias de forma diferente a como las vio cuando ocurrieron? ¿Por qué sí o por qué no? ¿Cómo eso ha afectado la forma en que ha vivido los tiempos de dificultad?

3. Cuando Booz vio por primera vez a Rut, expresó el deseo de que Dios la recompensara por su fe y su buen corazón, sin sospechar que él mismo sería la respuesta a esa oración. ¿Ha llegado alguna vez a ser la respuesta a una oración que usted mismo u otros hayan hecho? ¿Cuáles fueron las circunstancias?

4. La historia de Noemí y Rut se caracteriza por una serie de bendiciones. Primero, Rut bendice a Noemí al permanecer con ella. Luego, Noemí bendice a Rut al ayudarla a encontrar un marido. Booz, a su vez, bendice a Rut con un hogar, y Dios bendice a ambos con un hijo. Más tarde, las mujeres de Belén le dicen a Noemí que ella ha sido bendecida con una nuera que es mejor que siete hijos. Piense en los últimos dos o tres días. ¿De qué maneras diría usted que Dios le ha bendecido y le ha hecho ser una bendición para otros?

CAPÍTULO 9

Una opinión terrible

LA HISTORIA DE ANA Y PENINA

*Mi corazón se alegra en el Señor; en él radica mi poder.
Puedo celebrar su salvación... El Señor da la riqueza
y la pobreza; humilla, pero también enaltece.*

1 Samuel 2.1, 7

*U*nos pocos años después de que Sansón aplastara a los filisteos, un sacerdote gordo de nombre Elí presidía como juez en Siló. La última manzana podrida en el canasto. Es tan pesado que el cinturón alrededor de la túnica desaparece entre los pliegues y repliegues de su vientre, y los muchachos se preguntan si Dios sería capaz de crear a otro ser humano tan exageradamente gordo.

Cuando no está oficiando como sumo sacerdote, acostumbra sentarse en su silla favorita que le han hecho a medida de su gordura. Le gusta observar cómo hombres y mujeres entran y salen por las puertas del tabernáculo.

Siló es la capital religiosa de la nueva nación, el lugar donde Josué dividió la tierra y luego la distribuyó entre las doce tribus de Israel. El centro sagrado del universo, el sitio donde el arca de oro ha venido a reposar, protegida dentro del tabernáculo de reunión. Cada año, miles de peregrinos suben a Siló para celebrar las fiestas.

Uno de estos peregrinos es una mujer de nombre Penina. Aunque no resulta muy destacada en la escala de la maldad, tiene el feo hábito de usar su lengua para lanzar incontables dardos a sus enemigos. Con una gran boca y siempre mirando a los demás como inferiores, es la menos favorita de las dos esposas que tiene Elcaná. Y a diferencia de su rival, Ana, es la madre de varios hijos.

Cada año ocurre lo mismo. Elcaná y sus dos esposas junto con sus hijos suben hasta Siló a adorar al Señor y presentar sus sacrificios. A lo largo del camino, Penina sigue insistiendo en lo mismo. ¡Qué pena que Ana no pueda tener hijos! ¡Qué afortunado es Elcaná al haber tomado una segunda esposa para que esta le diera lo que la otra no podía! Le agradece a Dios por todos los hijos con que la ha bendecido por medio de los cuales puede suplir la falta de los de Ana. De veras que solo Dios conoce cada corazón: a quien bendecir y a quien maldecir. Bendito sea el Dios de Israel.

Como siempre, la crueldad de Penina ha dejado sus huellas en el corazón de Ana, provocándole continuos llantos. Cada año se vuelven a abrir sus viejas heridas mientras los dardos de Penina penetran hasta lo más profundo.

Elcaná hace lo que puede para controlar a Penina. Una vez que él y Ana están solos, la acaricia mientras ella se inclina sobre su pecho, tratando de calmarla con la pregunta: «¿Por qué lloras? ¿Por qué no comes? ¿Por qué estás resentida? ¿Acaso no soy para ti mejor que diez hijos?».

¿Cómo podría Ana decirle la verdad a su marido, que aunque él es el mejor de los hombres, no puede sanar la angustia que tiene por no ser capaz de tener un hijo?

Al día siguiente, Elcaná presenta sus ofrendas a Dios, y él y su familia celebran juntos como es la costumbre, participando de su porción de los sacrificios. Después, sola, Ana se dirige al santuario.

Allí entra en la presencia del Santo, que es el único ante quien ella puede derramar el descontento de su corazón. Con las lágrimas corriéndole por las mejillas y sus labios moviéndose en una oración* inaudible, hace una promesa: «SEÑOR Todopoderoso, si te dignas mirar la desdicha de esta sierva tuya y, si en vez de olvidarme, te acuerdas de mí y me concedes un hijo varón, yo te lo entregaré para toda su vida, y nunca se le cortará el cabello».

Mientras Ana derrama su corazón ante Dios, el viejo Elí la observa desde las sombras. Al ver cómo mueve sus labios sin sonido alguno, la reprende: «¿Hasta cuándo te va a durar la borrachera? ¡Deja ya el vino!».†

«No, mi señor; no he bebido ni vino ni cerveza. Soy sólo una mujer angustiada que ha venido a desahogarse delante del SEÑOR. No me tome usted por una mala mujer. He pasado este tiempo orando debido a mi angustia y aflicción», le responde ella.

«Vete en paz», le dice Elí. «Que el Dios de Israel te conceda lo que le has pedido».

Más tarde, Elcaná se da cuenta de que Ana ya no estaba angustiada. Una vez que llegaron de vuelta a casa, tuvieron relaciones, y esta vez Dios los bendijo con un varoncito. Ana le puso el nombre de Samuel, que suena como la palabra en hebreo para «escuchado por Dios». Habiéndoselo prometido al Señor para siempre, hace planes a fin de llevar al niño a Siló una vez que lo haya destetado. Eso ocurriría aproximadamente dentro de unos tres años.

---

* Por lo general, las oraciones se hacían en voz alta.
† Los discípulos de Jesús también fueron acusados de estar ebrios cuando fueron llenos del Espíritu Santo en Pentecostés. Véase Hechos 2.1-13.

Cuando el día llega, ella y Elcaná toman al pequeño y lo llevan a la casa del Señor mientras Penina y sus hijos la observan. Ana le dice al sumo sacerdote: «Mi señor, tan cierto como que usted vive, le juro que yo soy la mujer que estuvo aquí a su lado orando al Señor. Éste es el niño que yo le pedí al Señor, y él me lo concedió. Ahora yo, por mi parte, se lo entrego al Señor. Mientras el niño viva, estará dedicado a él».

Aunque había pasado mucho tiempo desde que Elí había estado muy cerca de un milagro, sencillamente asintió con la cabeza y tomó al niño de la mano. Mientras le daba un beso de despedida, una lágrima solitaria rodó por las mejillas de Ana. Antes de irse, cantó esta oración:

«Mi corazón se alegra en el Señor;
    en él radica mi poder.
Puedo celebrar su salvación
    y burlarme de mis enemigos.
Nadie es santo como el Señor;
    no hay roca como nuestro Dios.
    ¡No hay nadie como él!
Dejen de hablar con tanto orgullo y altivez;
    ¡no profieran palabras soberbias!
El Señor es un Dios que todo lo sabe,
    y él es quien juzga las acciones.
El arco de los poderosos se quiebra,
    pero los débiles recobran las fuerzas.
Los que antes tenían comida de sobra
    se venden por un pedazo de pan;
los que antes sufrían hambre
    ahora viven saciados.
La estéril ha dado a luz siete veces,[*]
    pero la que tenía muchos hijos languidece.
Del Señor vienen la muerte y la vida;
    él nos hace bajar al sepulcro,
    pero también nos levanta.

---

[*] Aun cuando Ana dará a luz a seis hijos, el número «siete» simboliza perfección. De esta manera, ella expresa su satisfacción por todas las formas en que Dios la ha bendecido.

El SEÑOR da la riqueza y la pobreza;
    humilla, pero también enaltece.
Levanta del polvo al desvalido
    y saca del basurero al pobre
para sentarlos en medio de príncipes
    y darles un trono esplendoroso.
Del SEÑOR son los fundamentos de la tierra;
    ¡sobre ellos afianzó el mundo!
Él guiará los pasos de sus fieles,
    pero los malvados se perderán entre las sombras.
¡Nadie triunfa por sus propias fuerzas!
El SEÑOR destrozará a sus enemigos;
desde el cielo lanzará truenos contra ellos.
    El SEÑOR juzgará los confines de la tierra,
fortalecerá a su rey
    y enaltecerá el poder de su ungido».

Aunque Penina finge indiferencia, no puede sino notar las palabras en el canto de Ana, especialmente aquellas que podrían aplicarse a ella. Son como flechas que atraviesan su corazón.

En cuanto a Ana, se transforma en una madre feliz de dos hijas y tres hijos varones. Cada año, ella y su familia viajan al norte, a Siló, para participar en las celebraciones. Y cada vez se sorprende al ver lo mucho que su hijo ha crecido.

Diferente es la situación de Elí, quien junto con sus dos hijos perversos tendrá un fin muy lamentable. Samuel llegará a ser un gran hombre de Dios. Será el último de los jueces, un profeta que ungirá a Saúl, el primer rey de Israel, y a David, el más grande rey de Israel.

Mientras que Penina y sus hijos caerían pronto en el olvido, la historia de Ana resonaría a través de los siglos hasta que otra madre joven alzara su voz para proclamar la grandeza de Dios.* Como Samuel, el niño que crece dentro de María nacería en respuesta a una oración, pero no solo la oración de una mujer solitaria. Ciertamente, su hijo será la respuesta a las oraciones del pueblo de Dios mientras claman por un Libertador. Como

---

* Vea en Lucas 1.46-55 la oración de María, que también se conoce como el «Magnificat».

Samuel, el pequeño hijo de María estará destinado a provocar la caída y el ascenso de muchos en Israel.

LOS TIEMPOS

Su historia tiene lugar alrededor de 1105 A.C.

La historia de Ana se puede encontrar en 1 Samuel 1.1—2.11.

Los ecos de su oración se pueden oír en Lucas 1.46-55.

Después que Josué guió a los israelitas en su conquista inicial de Israel, erigió un tabernáculo en Siló, a unos diez kilómetros al norte de Jerusalén. Por más de trescientos años, Siló sirvió como centro religioso de la nueva nación, hasta que los filisteos la destruyeron por el año 1050 A.C. Habría de pasar más de un siglo hasta que Israel tuviera otra vez un sitio religioso central. En esta ocasión estaba localizado en Jerusalén, en el templo de Salomón, construido alrededor de los años 966-959 A.C.

En la historia temprana de Israel, la práctica de la poligamia estaba generalmente reservada para las familias ricas. Se practicaba con mayor frecuencia no tanto debido a los deseos sexuales incontrolados, sino con dos fines específicos: darle continuidad a la línea familiar y producir una familia lo suficientemente grande como para hacerles frente a las demandas de mano de obra que planteaba la agricultura y la cría de ganado. Los pueblos antiguos creían que la fertilidad estaba bajo el control divino y que la infertilidad era una maldición.

Al igual que los pueblos alrededor de ellos, los israelitas tenían un sistema sacrificial de adoración. Cuando pensamos en un sacrificio, a menudo pensamos en desprendernos de algo. Los pueblos antiguos más bien parecían pensar en términos de dar algo *más*. Para los antiguos israelitas, el sacrificio siempre involucraba transformación. Cada vez que una cosa se sacrificaba, se transfería desde el ámbito común a la esfera de lo sagrado. Cuando Ana y Elcaná trajeron sus sacrificios a Dios en Siló, le estaban dando algo que ya el Señor les había dado a ellos: animales, grano, vino. A través de tales sacrificios, se buscaba profundizar la relación con Dios.[*]

---

[*] Para una explicación más completa de los sacrificio en aquellos tiempos, consulte William K. Gilders, «Sacrifice in Ancient Israel», *Teaching the Bible: an e-newsletter for public school teachers by Society of Biblical Literature* (consultado en mayo de 2010), http://www.sbl-site.org/assets/pdfs/TBv2i5_Gilders2.pdf.

ALGO PARA PENSAR

1. Es difícil sobrestimar el dolor de Ana por no poder tener hijos, particularmente dada la cultura en la cual vivió. ¿De qué manera su oración (1 Samuel 1.10-16) revela su desesperación?

2. Dedique unos momentos a meditar en el canto de Ana (1 Samuel 2.1-10). ¿Qué palabras o frases le impactan más? ¿Por qué?

3. El canto de Ana enfatiza una serie de restituciones: el hambre es saciada, la mujer estéril da a luz, los pobres son levantados. ¿Qué quiere decir ella cuando dice: «Nadie triunfa por sus propias fuerzas»? ¿De qué maneras podría su vida o su perspectiva cambiar si usted considera esta declaración seriamente?

4. Ana oró pidiendo un hijo, pero Dios le dio mucho más que uno. El hijo por el cual oró llegó a ser el último juez de Israel. Como la persona designada para ungir a los reyes, Samuel ayudó a Israel a hacer la transición desde el período caótico de los jueces al período más ordenado de la monarquía, un tiempo durante el cual los israelitas fueron finalmente capaces de someter a sus enemigos. ¿Qué podría implicar esto sobre las ramificaciones potenciales de nuestras propias oraciones?

CAPÍTULO 10

Una trampa terrible

LA HISTORIA DE MICAL

Cómo una princesa disputada como si fuera un trofeo se desenamora

Tienden sus trampas los que quieren matarme; maquinan mi ruina los que buscan mi mal y todo el día urden engaños.
Salmos 38.12

El padre de Mical es una cabeza más alto que la mayoría; fuerte, guapo, decidido. Pertenece a la tribu de guerreros de Benjamín. La joven no puede recordar un momento en el que su padre no haya sido rey y ella una princesa. Ha escuchado acerca de cómo Dios instruyó al profeta Samuel para que ungiera a Saúl como el primer rey de Israel.

También sabe que el viejo profeta no está del todo feliz con su elección. Ha oído rumores de que han discutido y Samuel le ha dicho a su padre a quemarropa lo que Dios hará con él. Saúl es demasiado parecido a los reyes de otras naciones para esperar que reúna las virtudes requeridas a fin de obtener la aprobación divina.

A pesar de la desaprobación de Samuel, Saúl se mantiene como rey. Aunque es más vigoroso que la mayoría de los hombres, Mical siente que hay algo frágil dentro de él. Su comportamiento errático, como nubes movidas de aquí para allá y de allá para acá por el viento, parece arrojar sombras siniestras sobre su alma. En un momento parece estar seguro de la durabilidad de su reino y al siguiente se le ve abatido y amargado.

Aunque Mical es sensible a los vaivenes del humor de su padre, no le interesa la política. En cambio, un joven guerrero le ha hecho perder la cabeza. Siendo guapo y ágil, se comenta que derrotó a los filisteos al derribar a su campeón, un hombre horrible de nombre Goliat. Mientras el ejército de Saúl se acobardó ante este gigante, solo el pastorcillo David estuvo dispuesto a enfrentarlo en un combate cara a cara. A Mical le ha llegado la noticia de cómo, rehusándose a usar la protección que le ofrecería la armadura de su padre, lo derrotó con solo una honda y una piedra.

Todo lo que David hace tiene éxito. Solo unos días atrás, ella vio cómo las mujeres salían a las puertas de la ciudad para saludarlo cuando él y Saúl regresaban de la batalla. Aclamándolos, cantaban:

«Saúl destruyó a un ejército,
     ¡pero David aniquiló a diez!».

Ese canto pone furioso a su padre. «A David le dan crédito por diez ejércitos, pero a mí por uno solo. ¡Lo único que falta es que le den el reino!», exclama quejoso.

Ella se fija en la forma en que su padre mira a David, como si ya no fuera un favorito, sino un rival peligroso.

Su hermano Jonatán está ajeno a los celos de Saúl. Por eso, en lugar de distanciarse de David, lo hace parte de su círculo íntimo. Los dos hombres han llegado a ser tan cercanos que parecen uno solo. Jonatán le regala a David su túnica, su espada y su cinturón. Eso es como decir que un día David se convertiría en rey, y él, el hijo de un rey, le serviría.

Cada vez que Mical se percata de la presencia de David en la corte de su padre, trata de atraer su atención. No le preocupa la desaprobación de Saúl, porque no ha logrado darse cuenta aún de cuán asesinos han llegado a ser los celos de su padre. Dos veces ha intentado, y fracasado, dejar a David clavado en la pared con una lanza. No piensa en otra cosa que no sea cómo deshacerse de él.

Un día, Saúl se entera de que Mical está ciegamente enamorada de David. Saber eso lo alegra, porque será la trampa que andaba buscando. Así que les da instrucciones a sus siervos para que vayan a ver a David con una oferta: «El rey está complacido contigo», le dicen. «Él quiere que seas su yerno. Todo lo que te pide a cambio es que te vengues de sus enemigos y le traigas cien prepucios de filisteos».* Saúl sabe que intentarlo será probablemente la muerte de David, porque los filisteos son unos guerreros feroces.

Aunque Mical sabe que su padre está simplemente utilizándola como cebo, se alegra al saber que David ha aceptado el reto. En poco tiempo, David regresa de su misión no con cien, sino con doscientos prepucios de filisteos.

Mical y David se casan, y a pesar de que están viviendo bajo la sombra de los celos de Saúl, durante un tiempo son felices. Por la noche, cuando están solos, David le canta:

---

* Mutilar a los enemigos de esta forma no era raro. A diferencia de muchos de los pueblos de los alrededores, los filisteos no practicaban la circuncisión. Al solicitar cien prepucios, Saúl podía estar seguro de que David había matado a los filisteos.

«¡Cuán hermosa eres, amada mía!

¡Oh, cuán hermosa!

Tus ojos detrás de ese velo son palomas.

Tus labios son como una cinta escarlata;

tu boca es preciosa.

Tus pechos son como dos cervatillos,

como cervatillos gemelos de gacela

que pace entre los lirios.

Hasta que apunte el día

y las sombras huyan,

Iré a la montaña de la mirra

Y al collado del incienso.

Tú eres toda hermosa, amada mía;

no hay defecto en ti».[*]

A Mical le encanta la poesía que fluye del alma de David. No es de extrañar que Saúl haya sabido apreciar sus canciones, las cuales tenían ese extraño poder de alejar sus demonios y tranquilizar su mente.

Su nuevo esposo es todo lo que una princesa podría desear: apasionado, fuerte, valiente, atento y guapo. Las demás mujeres la envidian, y eso complace a Mical aun más.

Un día, recibe la noticia de que su padre quiere tomar prisionero a David. Corriendo a su lado, le dice a su esposo: «Si no te pones a salvo esta noche, mañana serás hombre muerto». En la oscuridad, ayuda a David a huir por una ventana y lo observa hasta que se pierde en las tinieblas de la noche.

Luego toma una gran estatua,[†] la coloca en la cama cubriéndola con la ropa, y le pone en la cabeza pelo de cabra. Con esa artimaña, logra engañar a los soldados torpes que vienen en busca de David. «Él está enfermo», les dice, «y no puede levantarse de la cama».

No obstante, Saúl se pone furioso cuando regresan sin él. «¡Tráiganlo con cama y todo si tienen que hacerlo!», les ordena.

---

[*] Aunque el poema citado aquí no fue escrito por David, sino que es parte del Cantar de los cantares (4.1, 3, 5-7), David era un poeta y músico, y bien podría haber compuesto una canción de amor para Mical.

[†] La mayoría de los estudiosos creen que Mical colocó un ídolo de la familia en la cama.

Cuando el truco queda al descubierto, su ira explota y acusa a Mical de traicionarlo. «¿Por qué me has engañado así? ¿Por qué dejaste escapar a mi enemigo?», le reclama.

Una mentira brota rápidamente de los labios de su hija: «Él me amenazó con matarme si no lo dejaba escapar».

En los meses siguientes, Mical sufre la ausencia de su marido. Se pregunta cuánto tiempo pasará hasta que entre a su habitación y se la lleve. De vez en cuando le llegan rumores de sus hazañas en las regiones desérticas del sur. Noche tras noche ella se encuentra sola en su cama, sintiéndose como la mujer que cantaba:

«Por las noches, sobre mi lecho,
busco al amor de mi vida;
lo busco y no lo hallo.
Me levanto, y voy por la ciudad,
por sus calles y mercados,
buscando al amor de mi vida.
¡Lo busco y no lo hallo!».

Muchos años transcurren antes de que Mical y David se vuelvan a encontrar. Ella ha dejado de buscarlo, porque está casada con Paltiel, el hombre con quien se casó después de que David huyera. Ella sabe que, al darla a otro hombre, su padre no estaba haciendo otra cosa que mortificar a David. Sin embargo, todo sucede tal como lo había dicho Samuel cuando le advirtió al pueblo lo que pasaría cuando un rey los gobernara. «Ustedes se convertirán en sus esclavos», les había dicho.

Ahora Mical siente la verdad de tal declaración. A pesar de ser una princesa, sabe que no es más que un pájaro enjaulado, un peón de las alianzas de poder de su padre. Al menos, Paltiel la ama, y ella ha aprendido a amarlo también a él.

Aunque Mical aún no lo sabe, los últimos días del reinado de su padre se acercan. Dentro de poco, él y tres de sus hermanos, entre ellos Jonatán, morirán a manos de los filisteos, quienes también los mutilarán. Sus flechas los alcanzarán durante intensos combates en el monte Guilboa.

Después de la muerte de Saúl, las doce tribus de Israel se separan en dos grupos. Algunos reafirman su lealtad a Isboset, hijo de Saúl, mientras que otros siguen a David. Ahora que el rey ha muerto, David exige el regreso de Mical, a lo que Isboset accede. Una vez más y sin ser consultada, Mical es separada del marido que ama.

Cuando Mical vuelve a ver a David, le sorprende su fuerza. En lugar del joven con quien se había casado, se encuentra con un hombre que se ha endurecido en la batalla y está decidido a gobernar. El pueblo acude a él tal como su padre había temido que lo haría. Sin embargo, a pesar de su poder, Mical no puede volver a amarlo. Ha pasado mucho tiempo. Demasiadas preguntas han quedado sin responder. ¿Por qué David nunca volvió a buscarla? Ella pudo haber huido de la ira de su padre con él al desierto. No obstante, él nunca regresó.

David la quiere de vuelta, piensa ella, pero solo para afirmarse en el poder.

En cuanto a la joven con quien David se casó, se ha ido para siempre. En su lugar hay una mujer que ha sido empujada por el destino a una vida que ella no quiere vivir. A pesar de ser reina, Mical se siente amargada y abandonada.

No mucho tiempo después de que ella volviera con David, su hermano, Isboset, es asesinado por dos de sus propios secuaces. Ahora todas las tribus de Israel comprometen su lealtad a David. Por fin su reino es seguro.

Un día Mical se asoma a la ventana del palacio de David y ve a una gran multitud que se dirige a Jerusalén con gritos y toques de trompetas. A la cabeza de esa gran procesión va el propio rey. En lugar de sus vestiduras reales, David lleva la simple vestimenta de un sacerdote. Va danzando con todo entusiasmo al son de las canciones y la música de arpas, liras, panderetas y címbalos. Lentamente, el arca de oro de la alianza, el lugar sagrado donde Dios ha decidido habitar, avanza hacia la ciudad. ¡Una vez más, Yahvé ha venido a vivir entre su pueblo!

David lidera a la multitud en la alabanza, cantando:

> «¡Refúgiense en el SEÑOR y en su fuerza,
>   busquen siempre su presencia!

¡Recuerden las maravillas que ha realizado,
   los prodigios y los juicios que ha emitido!...
¡Que toda la tierra cante al SEÑOR!
   ¡Proclamen su salvación cada día!
Anuncien su gloria entre las naciones,
   y sus maravillas a todos los pueblos».

Sin embargo, Mical no está de humor para cantar, ni considera que tiene motivo para regocijarse. Solo piensa en su padre y sus hermanos muertos. Este momento les debería pertenecer a ellos y no a David. Este es su reino, no el suyo, piensa. Mira a David saltando y retorciendo el cuerpo en una danza salvaje de alabanza a Dios. Cuando la danza termina, él les reparte pan y tortas a los presentes, y luego regresa a casa para bendecir a su familia.

Mical, hija de Saúl, sale a recibirlo, no con regocijo como podría esperarse de la reina, sino con palabras de vergüenza e ira: «¡Qué distinguido se ha visto hoy el rey de Israel, desnudándose como un cualquiera en presencia de las esclavas de sus oficiales!».

No obstante, David simplemente responde: «Lo hice en presencia del SEÑOR, quien en vez de escoger a tu padre o a cualquier otro de su familia, me escogió a mí y me hizo gobernante de Israel, que es el pueblo del SEÑOR. De modo que seguiré bailando en presencia del SEÑOR, y me rebajaré más todavía, hasta humillarme completamente. Sin embargo, esas mismas esclavas de quienes hablas me rendirán honores».

Y de este modo, aún hoy en día la memoria de David es venerada por todo el pueblo de Dios.

En cuanto a Mical, su historia termina de forma triste. Siguió viviendo en el palacio de David y conservó la triste condición de una pequeña avecilla atrapada en una jaula grande, algo bonito para complacer a un hombre. Sin hijos hasta el día de su muerte,* no tuvo a nadie que pudiera levantarse y llamarla bienaventurada.

---

   * La Biblia no aclara si Mical no tuvo hijos debido a la esterilidad o porque David no quiso procrear descendencia con ella. Al negarse a tener relaciones sexuales con Mical, posiblemente él estaba procurando evitar tener rivales que reclamaran su trono a favor de la casa de Saúl. Los que escucharon su historia posiblemente vieron en esta circunstancia una maldición.

LOS TIEMPOS

Ella vivió en algún tiempo entre 1040 y 970 a.c.

La historia de Mical se puede encontrar en 1 Samuel 18.20-29; 19.11-17; 25.44;

2 Samuel 3.13-16; 6.16-23.

Mical vivió durante un tiempo de gran transición, cuando Israel salía del período caótico de los jueces y entraba en el período de la monarquía. Durante el gobierno de los jueces, Israel tuvo gran dificultad para completar la conquista de Canaán y convertirse en una nación unificada. Sin embargo, una vez que se estableció la monarquía, Saúl y David ayudaron a los israelitas a derrotar a muchos de los enemigos que los circundaban.

Durante este período muchas de las grandes potencias de la región estaban declinando. Los hititas, asirios, babilonios y egipcios tenían demasiados problemas propios como para tratar de extender su influencia hasta Canaán. Su debilidad le permitió a David extender las fronteras de su reino con gran éxito. Solo los filisteos que vivían a lo largo de la costa resultaron demasiado difíciles de desalojar.

Aunque Samuel había ungido a Saúl como el primer rey de Israel, no pasó mucho tiempo para que Saúl demostrara mediante sus desobediencias reiteradas a la palabra de Dios que era indigno de ser el rey de Israel, tal como lo había señalado el profeta. Aunque había rechazado a Dios, reinó por espacio de cuarenta y dos años hasta que cometió suicidio para evitar ser capturado por los filisteos. David gobernó por otros cuarenta años, y su hijo Salomón lo hizo por cuarenta años más. Después de eso, la nación se dividió en el reino de Judá en el sur y el reino de Israel en el norte.

A diferencia de los gobernantes de otras naciones, el rey de Israel debía ser humilde en lugar de orgulloso. Tenía que leer la palabra de Dios y vivir de acuerdo con ella. En lugar de dominar al pueblo, debía considerarse a sí mismo uno de ellos (Deuteronomio 17.19-20). El rey tenía que ser devoto a Dios, lo que Saúl no hizo. Desafortunadamente, Mical sufrió las consecuencias de las continuas desobediencias e infidelidades de su padre.

ALGO PARA PENSAR

1. La historia de Mical es una historia triste. Nacida con los privilegios reales, llegó a ser un rehén de poderes que no pudo controlar. Es difícil no simpatizar con ella aun cuando sus palabras a David le inyectan una nota amarga a la historia. ¿Qué parte de la historia de Mical le impactó más? ¿De qué manera podría identificarse con ella?

2. Comente sobre la aparente indiferencia de Mical cuando el arca del pacto entraba a Jerusalén. ¿Qué podría revelar esta actitud sobre su condición espiritual?

3. Una y otra vez Mical se halla a merced de fuerzas que no puede controlar. ¿Qué circunstancias en su propia vida le han hecho sentir que ha tenido muy poco control de las situaciones? ¿Cuál ha sido su reacción? ¿De qué maneras ha experimentado o dejado de experimentar a Dios en tales circunstancias?

4. Mical experimentó la pérdida de dos maridos, un padre y cuatro hermanos. Su dolor y amargura debido a esas pérdidas hicieron muy difícil para ella buscar una relación nueva con David. ¿Cómo le han afectado a usted sus pruebas y pérdidas con respecto a sus relaciones más importantes?

CAPÍTULO 11

Una inteligente terrible

LA HISTORIA DE ABIGAÍL

Cómo una mujer ingeniosa evita un desastre horrible

El sabio teme al Señor y se aparta del mal, pero el
necio es arrogante y se pasa de confiado.
Proverbios 14.16

Aunque su cabeza es grande, parece espacio perdido para un hombre que solo piensa en las cosas más pequeñas, como si el último bocadillo estuvo adecuadamente preparado o su nueva túnica es de su agrado. Siendo rápido para molestarse, Nabal se alivia con vino y comidas agradables. Año tras año, mientras su cabeza se queda cada vez más vacía, su cintura se hace más y más voluminosa.

A pesar de su tendencia a quejarse, tiene que admitir que este ha sido un buen año. Con respecto a sus rebaños, no ha tenido dificultad con los bandidos y salteadores que se han multiplicado más allá de lo que se esperaba. Predice que la esquila anual producirá una cosecha récord de más de tres toneladas de lana. Además, sus beneficios han mejorado a través de arreglos astutos con los pastores que atienden sus rebaños. Este año la parte que les corresponde a ellos es incluso menor que la de los años pasados. Mil cabras y tres mil ovejas son demasiadas para que las cuide un solo hombre. Mejor quedarse en casa mientras sus hombres contratados pasan la noche al aire libre, defendiéndose de los depredadores.

Nabal sabe que los demás hombres lo desprecian, pero se conforma diciéndose que es por celos. Y mientras mayor es el desdén, más se pavonea y se jacta. Es un hombre rico, y no tiene ningún reparo en demostrarlo. ¿Y qué si la gente lo envidia? Además de su riqueza, está casado con una mujer que muchos hombres codiciarían. Abigaíl es una criatura asombrosa, extraordinariamente inteligente. La prueba, dice, es que se haya casado con él. Se ríe de su broma, la cual repite con frecuencia, pero manteniéndose concentrado en sí mismo, no se da cuenta de que su esposa jamás le celebra el chiste.

Abigaíl está siempre de buen humor. No es antipática. Gracias a ella, él no tiene de qué preocuparse. Aun así, le molesta ver a la servidumbre tratándola con mayor deferencia de la que acostumbran mostrarle él. Sin embargo, Abigaíl se apresura a tranquilizarlo diciéndole que es natural, ya que ella es quien cuida de la casa. ¿Por qué el jefe del hogar tendría que molestarse cuando su esposa está siempre cerca?

Él no sabe ni se preocupa por darse cuenta de la gran cantidad de energía que tiene que gastar su esposa para mantener la paz en casa. Tampoco entiende que él lleva la peor parte en las bromas que hace. Afirma, por ejemplo, que sus padres le pusieron Nabal porque quiere decir «ingenioso», pero los demás piensan que su nombre suena más a «necio». No hay duda de que Nabal *es* un necio, un hombre adulto con el temperamento de un niño de dos años de edad.

Aunque no lo demuestra, a Abigaíl la está desgastando la manera de ser de su marido. Sus constantes quejas son una tortura que no se detiene, como una gotera que cae a través de un techo dañado. Se pregunta si quizás alguien pudiera compadecerse de ella, y piensa que ha llegado a ser como una hermosa pieza de joyería adornando el hocico de un cerdo.

Le agradece a Dios que por lo menos tiene una gran familia que cuidar y personas de quienes preocuparse. Generosa y sensible, es una mujer a la que todo el mundo quiere. Como sus vecinos, Abigaíl se alegra de que David esté cerca con sus seiscientos hombres. Se encuentran acampando en el desierto de Maón, no muy lejos de donde ella y Nabal viven. También sabe que a Saúl le gustaría darle muerte a David. No obstante, David es tan astuto que siempre se escapa.

Lo que ella no sabe es que diez de los hombres de David se encuentran ahora mismo hablando con su marido, trasmitiéndole este mensaje de David: «¡Que tengan salud y paz tú y tu familia, y todo lo que te pertenece! Acabo de escuchar que estás esquilando tus ovejas. Como has de saber, cuando tus pastores estuvieron con nosotros, jamás los molestamos. En todo el tiempo que se quedaron en Carmel, nunca se les quitó nada. Pregúntales a tus criados, y ellos mismos te lo confirmarán. Por tanto, te agradeceré que recibas bien a mis hombres, pues este día hay que celebrarlo. Dales, por favor, a tus siervos y a tu hijo David lo que tengas a la mano».

David ha elegido una temporada de cosecha y abundancia para hacer su solicitud, un tiempo en el que los hombres buenos son generosos. Él espera que Nabal muestre gratitud por la forma en que ha protegido a sus rebaños.

Sin embargo, Nabal tiene otras ideas. En lugar de ofrecerles las provisiones a los hombres de David, se aprovecha de la oportunidad para demostrar su cualidad de necio al responder: «¿Y quién es ese tal David?

¿Quién es el hijo de Isaí? Hoy día son muchos los esclavos que se escapan de sus amos. ¿Por qué he de compartir mi pan y mi agua, y la carne que he reservado para mis esquiladores, con gente que ni siquiera sé de dónde viene?».

Cuando David oye la respuesta insultante de Nabal, se pone furioso. «De balde estuve protegiendo en el desierto las propiedades de ese tipo, para que no perdiera nada. Ahora resulta que me paga mal por el bien que le hice. ¡Que Dios me castigue sin piedad si antes del amanecer no acabo con todos sus hombres! ¡Que cada uno tome su espada!».

Así que David y cuatrocientos de sus hombres se dirigen a la casa de Nabal para vengarse. Mientras tanto, Nabal holgazanea, despreocupado, dándose la gran vida y alardeando por lo bien que le va con las cosechas.

Detectando el peligro, uno de los criados va a hablar con Abigaíl. «David envió desde el desierto unos mensajeros para saludar a nuestro amo, pero él los trató mal. Esos hombres se portaron muy bien con nosotros. En todo el tiempo que anduvimos con ellos por el campo, jamás nos molestaron ni nos quitaron nada. Día y noche nos protegieron mientras cuidábamos los rebaños cerca de ellos. Piense usted bien lo que debe hacer, pues la ruina está por caer sobre nuestro amo y sobre toda su familia. Tiene tan mal genio que ni hablar se puede con él».

Abigaíl ha soportado la carga de estar casada con un necio, pero nunca se imaginó que les sobrevendría una calamidad de esta envergadura. ¿Quién se habría imaginado que la estupidez de Nabal sería mayor que su instinto de supervivencia? A menos que ella intervenga, muchos miembros de su casa podrían morir. Así que les ordena a sus siervos reunir todo el alimento que puedan llevar. Carga varios burros hasta arriba con doscientos panes, dos odres de vino, cinco ovejas asadas, treinta y cinco litros de trigo tostado, cien tortas de uvas pasas y doscientas tortas de higos. Espera que eso sea suficiente para apaciguar la ira de David. Luego les dice a sus siervos: «¡Adelántense, que yo los sigo!». Pero no le dice nada a Nabal.

Arriesgándose en la oscuridad, Abigaíl sale de la casa a toda prisa. Mientras viaja, va rogándole a Dios por su liberación. De pronto, ve a David y sus hombres que vienen por el camino. Ella tiene la esperanza de que David sea un hombre tan bueno como la gente dice que es.

Dejándose caer a sus pies, le implora: «Señor mío, yo tengo la culpa. Deje que esta sierva suya le hable; le ruego que me escuche. No haga usted caso de ese grosero de Nabal, pues le hace honor a su nombre, que significa "necio". La necedad lo acompaña por todas partes. Yo, por mi parte, no vi a los mensajeros que usted, mi señor, envió. Pero ahora el Señor le ha impedido a usted derramar sangre y hacerse justicia con sus propias manos. ¡Tan cierto como que el Señor y usted viven! Por eso, pido que a sus enemigos, y a todos los que quieran hacerle daño, les pase lo mismo que a Nabal. Acepte usted este regalo que su servidora le ha traído, y repártalo entre los criados que lo acompañan». Interpretando el silencio de David como un permiso para continuar, bendice su futuro diciendo: «Ciertamente, el Señor le dará a usted una dinastía que se mantendrá firme, y nunca nadie podrá hacerle a usted ningún daño, pues usted pelea las batallas del Señor. Aun si alguien lo persigue con la intención de matarlo, su vida estará protegida por el Señor su Dios, mientras que sus enemigos serán lanzados a la destrucción. Así que, cuando el Señor le haya hecho todo el bien que le ha prometido, y lo haya establecido como jefe de Israel, no tendrá usted que sufrir la pena y el remordimiento de haberse vengado por sí mismo, ni de haber derramado sangre inocente. Acuérdese usted de esta servidora suya cuando el Señor le haya dado prosperidad».

Esas palabras llenas de gracia evocan los recuerdos de todo lo que Dios le ha prometido a David. También le recuerdan su primera gran victoria: su triunfo sobre Goliat. Nunca había escuchado a una mujer hablar como ella, dándole un mensaje que trae paz y esperanza a su corazón, llamándolo a que se vuelva a Dios.

«¡Bendito sea el Señor, Dios de Israel, que te ha enviado hoy a mi encuentro!», le dice. «¡Y bendita seas tú por tu buen juicio, pues me has impedido derramar sangre y vengarme con mis propias manos! El Señor, Dios de Israel, me ha impedido hacerte mal; pero te digo que si no te hubieras dado prisa en venir a mi encuentro, para mañana no le habría quedado vivo a Nabal ni uno solo de sus hombres... Vuelve tranquila a tu casa. Como puedes ver, te he hecho caso: te concedo lo que me has pedido».

Aun no ha amanecido cuando Abigaíl llega a su casa. Nabal está borracho y muy animado. Celebra una gran fiesta, pues cree que es un gran señor, encontrándose demasiado ebrio para atender a lo que ella tiene que decirle, así que Abigaíl espera hasta la mañana.

Una vez que su esposo ha recuperado la sobriedad, ella le cuenta todo. Sus ojos se van agrandando a medida que escucha cada palabra. Su boca se abre, pero no pronuncia ni una sílaba, solo gruñidos y gemidos. De pronto, uno de los lados de su boca se tuerce y él se derrumba sobre un sofá como si hubiese sido una piedra. Diez días después, Dios termina su trabajo y Nabal deja de existir.

Curiosamente, Abigaíl experimenta una mezcla de tristeza y alivio. Aunque ya no va a tener que seguir soportando la carga de las necedades de su marido, siente su presencia dondequiera, como si la miseria de su triste vida fuera a perdurar para siempre.

No obstante, David se siente feliz cuando le llegan las noticias y alaba a Dios por defender su causa y haberle impedido derramar sangre inocente. Sin pérdida de tiempo manda a preguntarle a Abigaíl si desea ser su esposa.

Nadie llora a Nabal.

Sin embargo, todos alaban a Abigaíl. Al actuar sabia y prontamente ha evitado la pérdida de muchas vidas. Aunque David sigue huyendo de Saúl, ella está ansiosa de unirse a él, de modo que sale rumbo al desierto con cinco de sus siervas. Allí se casará con un proscrito llamado David, el hombre que ella cree que un día llegará a ser rey.

LOS TIEMPOS

Su historia tiene lugar aproximadamente en el 1005 a.c.

La historia de Abigaíl se encuentra en 1 Samuel 25.

La casa de Abigaíl tiene que haber sido enorme, ya que su esposo era un rico terrateniente cuyos grandes rebaños le producían importantes ingresos. Su capacidad de preparar tanta comida en tan poco tiempo y disponer de una servidumbre así como de cinco doncellas que viajaran con ella cuando fue a casarse con David es más que evidencia de su riqueza.

En la mayoría de las familias, las mujeres eran las encargadas de trillar, moler el grano, amasar, hornear el pan, cocinar, tejer, hacer la ropa, preservar la comida y acarrear el agua. A una mujer promedio probablemente le tomaba por lo menos de entre tres y cuatro horas cada mañana solo

moler el trigo para el pan de cada día. Mientras que a menudo las joven-
citas se desempeñaban como pastoras, algunas mujeres eran tan pobres
que tenían que salir a los campos a recoger lo que quedaba de la cosecha,
como fue el caso de Rut, o emplearse para trabajar en el campo, lo que
normalmente estaba reservado a los varones.

En lugar de realizar ella misma estos quehaceres, Abigaíl seguramente
tenía servidumbre que los hiciera, encargándose ella entonces de la super-
visión.

Por su parte, Nabal seguramente era quien contrataba a los trabaja-
dores para que cuidaran sus grandes rebaños. Resultaba probable que en
los contratos que negociaba con ellos se estableciera la provisión de leche
y carne y alguna cantidad de lana en el tiempo de la esquila. Aunque a
veces los rebaños pastaban cerca de la casa de la hacienda, a menudo los
pastores tenían que llevar a sus rebaños bastante lejos en busca de pastos.
Cada pastor tenía que dar cuenta de las ovejas a su cuidado. Los naci-
mientos normales y las bajas tenían que registrarse cuidadosamente. Y las
ovejas que se perdían por la acción de los depredadores o las enfermedades
tenían que justificarse llevándole al dueño alguna parte del animal como
las orejas, la piel o los tendones. Al final del día, era responsabilidad de los
pastores compensar las pérdidas de acuerdo con los términos previamente
acordados.

La vida de Abigaíl tiene que haber cambiado drásticamente al casarse
con un guerrero que vivía con sus hombres y sus familias en el desierto.
Poco antes de la muerte de Saúl y Jonatán, ella fue raptada por una banda
de asaltantes junto con Ajinoán, otra de las esposas de David, así como
varias mujeres y niños. Afortunadamente, David y sus hombres pronto
rescataron a Abigaíl y los demás. Es probable que ella estuviera presente
en el palacio de David cuando Mical le fue devuelta por Isboset. Abigaíl y
David tuvieron un hijo llamado Daniel.

ALGO PARA PENSAR

1. ¿Cómo describiría usted usando de tres a cinco palabras el
   carácter de Abigaíl? Tenga en cuenta especialmente sus acciones

y lo que le dijo a David cuando se encontraron en el camino
(1 Samuel 25.24–35).

2. ¿Qué palabras de las que usó para describir a Abigaíl representan
   una cualidad que ha querido tener más en la vida? Explique las
   razones que fundamentan su respuesta.

3. Abigaíl es una mediadora consumada, trayendo paz en medio de
   una situación peligrosa. ¿Se ha encontrado usted alguna vez en
   una situación similar, arriesgándose de alguna manera para ser
   un pacificador? Describa las circunstancias y el desenlace.

4. Aunque fueron provocados, ni Abigaíl ni David se vengaron de
   Nabal. ¿De qué manera la historia revela el carácter y la relación
   con Dios de cada uno de ellos?

CAPÍTULO 12

Una hechicera terrible

LA HISTORIA DE LA ADIVINA DE ENDOR

Cómo una bruja conjura a la muerte

Cuando entres en la tierra que te da el Señor tu Dios, no imites las costumbres abominables de esas naciones. Nadie entre los tuyos deberá sacrificar a su hijo o hija en el fuego; ni practicar adivinación, brujería o hechicería; ni hacer conjuros, servir de médium espiritista o consultar a los muertos. Cualquiera que practique estas costumbres se hará abominable al Señor, y por causa de ellas el Señor tu Dios expulsará de tu presencia a esas naciones.
Deuteronomio 18.9–12.

$\mathcal{U}$n destino aciago. Aunque no lo puede ver, Saúl siente que viene hacia él, gruñendo agresivamente. No importa cuán rápido se mueva tratando de protegerse las espaldas, no encuentra forma de salirse de su camino. Puede sentirle su cabellera sobre el cuello como el collar de un perro. Ha sido así desde hace algún tiempo. Aunque cuenta con hombres que lo protejan, Saúl tiene miedo de cerrar los ojos por la noche para no ser cogido de improviso.

Algunos días son peores que otros. El de hoy es el peor de todos.

¡Cómo anhela una palabra de Dios que rompa la oscuridad. Que le diga que todo está perdonado y su reino perdurará. Sin embargo, hay solo silencio. Podría pedirle al sumo sacerdote que consulte el urim y el tumim para saber si logrará derrotar a los filisteos que se han reunido en gran número para atacarlo, pero entonces recuerda que ya le ha dado muerte al sumo sacerdote y a muchos otros sacerdotes ante el temor de que hayan estado confabulados con David, quien se ha pasado a los filisteos.

O quizás podría llamar a un adivino para que interprete sus sueños, pero en estos días no ha tenido sueños, porque casi no ha dormido.[*]

Si solo pudiera obtener una palabra de Samuel, pero el anciano ya se ha ido a reunir con sus padres y yace sepultado en Ramá.

Ahora solo hay silencio. Ni una palabra de parte de Dios.

Aun cuando Dios le había hablado en el pasado, las palabras raramente habían sido de su agrado. Antes de haber cumplido el primer año de su reinado, ya Samuel lo había acusado de ser un fracasado. Por solo una pequeñez Dios lo había rechazado como rey. Al menos eso era lo que Saúl pensaba. Había actuado cuando Dios le había dicho que esperara. Sin embargo, esperar era cosa de mujeres, no de soldados bajo amenaza de muerte.

Por una ofensa y luego otra y otra, Samuel, en nombre de Dios, lo había declarado no apto, diciendo:

---

[*] Creyendo que los sacerdotes estaban en alianza con David, Saúl los acusó de traición y los ejecutó. Solo Abiatar escapó, llevándose el efod especial, o la vestimenta, del sumo sacerdote. Esta contenía el urim y el tumim, los cuales le llevó a David para que fuera él, y no Saúl, quien consultara al Señor.

«La rebeldía es tan grave como la adivinación,
y la arrogancia, como el pecado de la idolatría.
Y como tú has rechazado la palabra del Señor,
él te ha rechazado como rey».

Aunque Saúl ha tenido sus victorias, lo que más ha anhelado no lo ha podido conseguir: paz. Descansar seguro. Después de más de cuarenta años en posesión del trono de Israel, aún sigue inquieto. Los filisteos lo atormentan. David lo elude. Dios lo abandona.

Está solo.

La mujer está sola también. Es viuda,* haciendo lo que puede para sobrevivir. Vive en Endor, no lejos de donde están acampados Saúl y sus hombres. Ella hoy se siente inquieta e inestable, aunque no puede decir por qué. Tal vez no sea más que una fase de la luna o debido a que las almas de los muertos se han reunido para ver la batalla que se avecina. Solo sabe que la atmósfera parece electrificada. No obstante, como siempre quiere saber más, llena un pequeño tazón con agua. Luego recita un conjuro y pide sabiduría del mundo del más allá para saber cómo se va a desarrollar la batalla. Con cuidado vierte una pequeña gota de aceite en la superficie del agua y observa cómo esta se divide en dos, una señal de que grandes hombres están a punto de caer.†

Al final del día, cuando la noche ya ha caído, se sorprende al ver que tres extraños llegan a su puerta. Uno de ellos es más alto por una cabeza que cualquier hombre que ella haya visto en su vida. Irrumpiendo a través de la puerta, el hombre grande explica rápidamente el propósito de su visita:

—Quiero que evoques a un espíritu. Haz que se me aparezca el que yo te diga.

Sin embargo, ella no es tonta. Sabe que el rey Saúl ha prohibido estrictamente la práctica de la hechicería citando la Escritura que dice:

---

* Aunque la Biblia no dice que era viuda, a la adivina de Endor se le describe como una mujer sola. Como las viudas tenían poca capacidad de proveer para sus necesidades, es posible que alguna se haya dedicado a la práctica de la hechicería a fin de mantenerse viva a pesar de los peligros.

† Aunque esta escena no está en la Biblia, algunos que practicaban la adivinación usaban este procedimiento para determinar si un ejército se impondría sobre otro o si una persona se recuperaría de una enfermedad. Véase «Akkadian Divination», en *The Archeological Study Bible*, ed. Walter C. Kaiser, Jr. (Grand Rapids: Zondervan, 2005), p. 277.

«Si una persona se vuelve a espiritistas y nigromantes, prostituyéndose tras ellos, yo pondré mi rostro contra esa persona y la cortaré de entre su pueblo». Quizás estos sean hombres de Saúl tratando de tenderle una trampa.

—¿Acaso no sabe usted lo que ha hecho Saúl? —respondió la mujer—. ¡Ha expulsado del país a los adivinos y a los hechiceros! ¿Por qué viene usted a tenderme una trampa y exponerme a la muerte?

No obstante, el hombre grande, el único que tiene que agacharse para pasar a través de la puerta, invoca un juramento, prometiéndole:

—Tan cierto como que el SEÑOR vive, te juro que no serás castigada por esto.

Él exhibe ante ella una mezcla de seriedad y poder, lo cual la convence.

—¿A quién desea usted que yo haga aparecer? —pregunta.

—Evócame a Samuel —le dice.

Ella es experta en el arte del engaño. Como es la única que puede ver las visiones y escuchar las voces que convoca desde el más allá, solo tiene que desempeñar su papel de manera convincente. Así que habla en tonos guturales, entorna los ojos y hace que su cuerpo tiemble.

¿Qué de malo podría haber en tranquilizar a una madre cuyo hijo ha muerto, o unir a dos amantes a través de límites infranqueables, o transmitir augurios positivos a todos los que los buscan? Ella simplemente quiere hacer el bien, traer esperanza y, por supuesto, encontrar una manera de mantenerse a sí misma.

Así que ahora lleva a cabo el espectáculo de pedirles a los poderes reinantes que levanten a Samuel de la tumba. No obstante, antes de que pueda dar inicio a la farsa, algo aterrador sucede. Ella abre desmesuradamente los ojos y se queda mirando fijamente a Saúl.

—¡Pero si usted es Saúl! ¿Por qué me ha engañado? —le reclama.

—No tienes nada que temer —dice el rey—. Dime lo que has visto.

—Veo un espíritu que sube de la tierra —responde ella.

—¿Y qué aspecto tiene?

—El de un anciano, que sube envuelto en un manto.

Temblando, Saúl se arrodilla, rostro en tierra.

—¿Por qué me molestas haciéndome subir? —le dice el anciano en tono acusador.

—Estoy muy angustiado —respondió Saúl—. Los filisteos me están atacando, y Dios me ha abandonado. Ya no me responde, ni en sueños ni por medio de profetas. Por eso decidí llamarte, para que me digas lo que debo hacer.

La respuesta de Samuel llega a través de la garganta de la mujer de Endor.

—Pero si el Señor se ha alejado de ti y se ha vuelto tu enemigo, ¿por qué me consultas a mí? El Señor ha cumplido lo que había anunciado por medio de mí: él te ha arrebatado de las manos el reino, y se lo ha dado a tu compañero David. Tú no obedeciste al Señor, pues no llevaste a cabo la furia de su castigo contra los amalecitas; por eso él te condena hoy. El Señor te entregará a ti y a Israel en manos de los filisteos. Mañana tú y tus hijos se unirán a mí, y el campamento israelita caerá en poder de los filisteos.

Las palabras del profeta llegan a Saúl con la fuerza de una pesadilla, haciendo que se derrumbe. Está demasiado débil para levantarse, vencido por el miedo y el hambre, ya que no ha comido nada por un día y una noche.

Al ver lo agitado que está, aunque ella no está mejor, la adivina le habla, diciendo:

—Yo, su servidora, le hice caso a usted y, por obedecer sus órdenes, me jugué la vida. Ahora yo le pido que me haga caso a mí. Déjeme traerle algún alimento para que coma; así podrá recuperarse y seguir su camino.

Al principio Saúl se niega. Sin embargo, sus hombres lo instan a comer, y él cede. La mujer sacrifica rápidamente un ternero engordado y lo prepara con algo de pan a fin de ofrecérselo.

Después que hubieron comido, ella observa al rey y sus hombres cuando se van. Mientras mira, percibe una sombra que es más oscura que la noche de luna llena. Hambrienta y llena de malicia, la sombra se arrastra a poca distancia detrás del rey. Ella sabe que no pasará mucho tiempo antes de que lo alcance. Con un estremecimiento y una oración, cierra la puerta.

LOS TIEMPOS

Su historia probablemente tuvo lugar alrededor de 1010 A.C.
La historia de la adivina de Endor se puede leer en 1 Samuel 28.

Los que dicen la suerte utilizan diversos medios de adivinación, incluyendo la observación de las figuras que forman las gotas de aceite en el agua, la interpretación de sueños, la lectura de las estrellas y el significado de los dibujos en las entrañas de los animales.

Aunque la Biblia la condena (Levítico 19.31; 20.6), la práctica de la nigromancia —el intento de comunicarse con los muertos— era ejercida en todo el antiguo Cercano Oriente, donde la gente empleaba la magia en un intento de controlar sus vidas al controlar a los dioses. Tales prácticas eran motivadas generalmente por el miedo y el deseo de poder.

Por el contrario, el todopoderoso Dios de Israel jamás podría ser controlado, aunque se podía confiar en que se mantenía atento a los que permanecían fieles a él. A diferencia de los dioses paganos, no se comunicaba a través de patrones secretos revelados en las entrañas de los animales, sino por medio de profetas y, de vez en cuando, a través de sueños.

En tiempos de emergencia nacional, los israelitas también consultaban el urim y el tumim buscando revelación. Estos objetos sagrados podían ser pequeños palitos con símbolos escritos en ellos, objetos de metal o piedras transportadas en el pectoral que llevaba el sumo sacerdote. Los mismos se lanzaban al azar para conocer la voluntad de Dios a través de una serie de preguntas cuyas respuestas eran sí o no.

Deuteronomio 18.9-12 indica que Dios consideraba la magia una abominación, algo que su pueblo debía rechazar para que no se contaminara con las supersticiones de los que los rodeaban, lo que podría hacerlos vulnerables a la influencia de los dioses falsos y los poderes demoníacos.

ALGO PARA PENSAR

1. Usando de unas tres a cinco palabras, describa el carácter de la mujer de Endor. Mencione sus atributos positivos y negativos.

2. ¿Se ha involucrado usted o alguien a quien conoce en la práctica de la magia? ¿Por ejemplo a través del uso de la astrología, las cartas del tarot, la ouija, o visitando a los adivinos que dicen la suerte? Si su respuesta es afirmativa, diga qué fue lo que lo motivó a hacerlo. ¿Era consciente cuando participó en tales

prácticas de cuáles son los límites hasta donde pueden llegar los creyentes en Dios?

3. Sabemos que Saúl estaba desesperado por oír algo positivo de parte de Dios. ¿Qué fue, en su opinión, lo que motivó a la mujer de Endor a tratar de comunicarse con el mundo espiritual? ¿Cómo cree que su experiencia con Saúl y Samuel pudo haberla afectado?

4. La historia nos dice cuán lejos llegó Saúl en su caída. A pesar de haber sido un hombre valiente y naturalmente dotado, tuvo un final trágico y patético. ¿Qué revela esta historia sobre las consecuencias de confiar en uno mismo en lugar de en Dios?

5. Los pueblos antiguos creían que el mundo sobrenatural era real. ¿Cómo tal cosmovisión se afirma o se niega en nuestra cultura de hoy? ¿Cómo su comprensión de la existencia del mundo sobrenatural moldea su vida diaria?

CAPÍTULO 13

Un deseo terrible

LA HISTORIA DE BETSABÉ

Cómo bañarse en público provocó un sinfín de problemas

*¿Puede alguien echarse brasas en el pecho sin quemarse
la ropa? ¿Puede alguien caminar sobre las brasas sin
quemarse los pies? Pues tampoco quien se acuesta con
la mujer ajena puede tocarla y quedar impune.*
Proverbios 6.27–29

*B*etsabé siente un dolor dentro de ella, un vacío tan profundo que no puede llenarlo por mucho que lo intenta. A su marido, Urías, un buen hombre, le preocupan solo las batallas y el deber, y habla solamente de eso. Sin embargo, a Betsabé el tema la aburre. ¡Cómo desearía que él no fuera tan fuerte, sino más sensible, capaz de disfrutar de las cosas que ella ama, como la música y la poesía! Si tan solo estuviera en casa con más frecuencia. Si tan solo estuviera en casa ahora mismo.

No obstante, todos los hombres se han ido. Están fuera peleando contra los amonitas, asediando su capital, Rabá, ubicada a sesenta y cuatro kilómetros al noreste de Jerusalén. Curiosamente, aunque es primavera,* tiempo en el cual los reyes marchan a la batalla, David es el único hombre físicamente capacitado que permanece en la ciudad. Aunque el rey está casi en sus cincuenta años, todavía es bien parecido y notablemente fuerte. Todos lo dicen, y Betsabé está de acuerdo.

Debido a que Jerusalén es una ciudad muy poblada y compacta, construida sobre apenas seis hectáreas de terreno, todo el mundo sabe cuando el rey está en casa. Es más, la casa de ella, de un solo piso, se encuentra cerca del palacio.

Una tarde, Betsabé anhela una brisa fresca que le seque el sudor de la frente. Tal vez un baño calme su ansiedad. Como todas las mujeres, se baña adentro, en la intimidad de su casa. Cuando Urías está, él la ayuda con una esponja con la que le frota la espalda. No obstante, como su período acaba de terminar, se dará el baño ritual por sí misma, como siempre lo ha hecho.

Piensa en lo refrescante que sería bañarse afuera, en el patio. Nunca ha sabido de una mujer que haga tal cosa, ¿pero por qué no? Como solo los ricos pueden permitirse tener casas de varias plantas, hay pocas posibilidades de que algunos vecinos curiosos la observen. Solo el palacio podría

---

* La primavera en el Oriente Medio marca el final de la temporada de lluvias, haciendo que los caminos se vuelvan transitables y haya un montón de forraje para los animales.

preocuparla. Sin embargo, ¿qué tendría de malo que el rey la observara? ¿Que el rey David admirara su belleza?*

En su palacio, el rey está tratando de descansar. Duerme a ratos, tal vez porque no puede dejar de pensar en la batalla que se libra en el norte. A pesar de que está seguro de la victoria, recuerda el precio que tienen que pagar sus hombres. Dios sabe cuántas veces él ha tenido que acostarse con hambre y agotado, esperando la caída de una ciudad. Por lo menos sus soldados están bien provistos y también bien dirigidos por Joab, su comandante.

No, no es la ansiedad la que perturba su descanso, sino la sensación persistente de que no debería estar durmiendo en una cama mullida, sino acampando fuera de Rabá junto a sus hombres. Sin embargo, aquí está, disfrutando de una vida fácil, mientras que ellos arriesgan sus vidas por él. Con un suspiro, se levanta y comienza a pasearse por el jardín de la azotea de su palacio.

A pesar de que Jerusalén está construida sobre una montaña, el aire es opresivo. David lo siente como una manta húmeda que lo envuelve desde la cabeza hasta los pies. Si tan solo un rayo pudiera abrirse paso en el cielo y una tormenta repentina disminuyera el calor, tal vez su inquietud se aliviaría. Desde su posición ventajosa, disfruta de una vista imponente del valle del Cedrón. Al caer la tarde, ve desde lo alto los fuegos que los habitantes de la ciudad han encendido para cocinar brillando intensamente en sus patios.

De pronto, se le corta la respiración. Su mirada está fija en una mujer, bien proporcionada y joven. Admira su cabello largo y oscuro, que le cae en cascadas como una maraña salvaje por su espalda. Se está bañando en el patio de su casa. Ve cómo se frota el cuerpo con una esponja. Acaricia su rostro, el cuello, y a continuación sus pechos. David sabe que debe apartar la mirada de allí, pero hacía mucho tiempo que no experimentaba lo que siente ahora. Así que sigue observando.

Cuando ha terminado de bañarse, Betsabé levanta la vista hacia arriba. ¿Es solo su imaginación o ella lo mira de la misma forma en que él la ha estado observando? Rápidamente, antes de que el deseo se desvanezca, envía a

---

* Aunque algunos comentaristas consideran a Betsabé una víctima inocente, Kenneth Bailey ofrece algunas razones convincentes con respecto a que ella sabía lo que estaba haciendo cuando decidió bañarse al alcance de la vista del palacio. Véase Kenneth E. Bailey, *Jesus through Middle Eastern Eyes* (Downers Grove, IL: InterVarsity Press, 2008), pp. 40-41.

un sirviente para saber quién es ella. Este no tarda en regresar con el informe: «Se trata de Betsabé, que es hija de Elián y esposa de Urías el hitita».*

La noticia resulta decepcionante, porque la mujer que desea está emparentada con hombres que él conoce, hombres que pertenecen a su tropa élite. El esposo de la mujer es uno de sus mejores soldados. Aun más, su abuelo, Ajitofel, es consejero personal de David.†

¿Cómo podría ignorar lazos tan estrechos como estos? Por un momento duda, pero luego evoca su belleza, y se recuerda a sí mismo que es el rey.

Poco después, a Betsabé la sorprenden unos golpes en la puerta de su casa. Son hombres enviados por el rey. Por la forma en que la miran, ella se da cuenta de que no puede negarse a acompañarlos y va con ellos.

Cuando entra en los aposentos privados del rey, hacen el amor mientras David le dice y repite que es más hermosa que todas las mujeres. Antes del amanecer, ella sale del palacio y regresa a su casa. Nada ha cambiado. Sin embargo, no pasa mucho tiempo antes de que ella perciba señales y síntomas: unos cuantos cólicos, dolor en los senos, fatiga. Betsabé espera hasta que está segura y luego le envía un mensaje a David: «Estoy embarazada».

Estas dos palabras cambiarán no solo sus propias vidas, sino la historia de Israel, aunque ni Betsabé ni David lo saben en ese momento. Con todo, ambos conocen la ley, que el adulterio se castiga con la muerte. ¿Qué hará el rey?

Pasan unos días antes de que Betsabé se entere de que su marido, Urías, ha sido llamado del frente de batalla. El alivio la inunda, porque se percata de que David no ha dejado que el asunto se le vaya de las manos. Hace planes para darle la bienvenida a Urías en casa como una esposa amorosa, de manera que nadie sospeche que el niño no es suyo. Espera toda la noche, pero no se sabe nada de él. Y llega la noche siguiente y su marido no aparece.

Ella no sabe que tan pronto como regresó a Jerusalén, Urías fue llevado a la presencia de David.

Cuando los dos hombres se abrazan, el rey le pide que le diga cómo va la batalla. Quiere saber cómo están Joab y sus hombres. Luego despide a

---

* Urías era un mercenario extranjero que también adoraba al Señor. Se le menciona como uno de los treinta hombres valientes de David (2 Samuel 23.39; 1 Crónicas 11.41).

† Si Elián es el mismo hombre mencionado en 2 Samuel 23.34, estaba entre los hombres valientes de David y su padre habría sido Ajitofel.

Urías con un regalo, animándolo a que pase la noche con su esposa antes de regresar al frente. Es lo menos que el rey puede hacer para honrar a un soldado fiel.

Sin embargo, Urías, que es mejor que la mayoría de los hombres, decide pasar la noche en el palacio en vez de regresar a casa. Al escuchar la noticia al día siguiente, David no lo puede creer.

«Has hecho un viaje largo; ¿por qué no fuiste a tu casa?».

«En este momento», respondió Urías, «tanto el arca como los hombres de Israel y de Judá se guarecen en simples enramadas, y mi señor Joab y sus oficiales acampan al aire libre, ¿y yo voy a entrar en mi casa para darme un banquete y acostarme con mi esposa? ¡Tan cierto como que Su Majestad vive, que yo no puedo hacer tal cosa!».*

Las palabras de Urías penetran en David hasta el hueso. Tratando de sobreponerse a sus pensamientos de culpa, le suplica al soldado que se quede un día más. Esa noche Urías el hitita cena con el rey y David lo emborracha. Seguramente no será capaz de resistirse a pasar la noche con su bella esposa. No obstante, una vez más el marido de Betsabé pasa la noche junto con los siervos del rey y no va a su casa.

Maldiciendo a Urías por lo terco y necio, aunque sabe que es uno de sus mejores hombres, David elabora un plan. El siempre fiel soldado Urías regresa al frente llevando un mensaje de David para Joab, el cual habrá de resultar en su propia muerte. «Pongan a Urías al frente de la batalla, donde la lucha sea más dura. Luego déjenlo solo, para que lo hieran y lo maten».

Aunque Joab es un hombre endurecido, se pregunta por qué David estará traicionando a uno de sus mejores soldados. Aun así, él es un hombre que cumple órdenes, y obedece lo que le manda a hacer el rey. Cuando la ciudad está sitiada, le ordena a Urías y un puñado de hombres ir a las primeras líneas, muy cerca de las murallas de la ciudad. Sorprendidos de que el enemigo haya avanzado hasta ponerse al alcance de sus flechas y lanzas, los amonitas masacran a Urías y todos los que van con él.

Enseguida, Joab le envía a David un informe sobre la batalla, dándole instrucciones al mensajero para que tenga cuidado si el rey se pone

---

* Cada vez que David y sus hombres salían para la batalla, se abstenían de tener relaciones sexuales con sus esposas como una forma de mantener su ritual de pureza (1 Samuel 21.4-5).

furioso. «Cuando hayas terminado de contarle al rey todos los pormenores del combate, tal vez se enoje y te pregunte: "¿Por qué se acercaron tanto a la ciudad para atacarla? ¿Acaso no sabían que les dispararían desde la muralla? ¿O les arrojarían piedras de molino? ¿Por qué se acercaron tanto a la muralla?". Pues si te hace estas preguntas, respóndele: "También ha muerto Urías el hitita, siervo de Su Majestad"».

Una vez que el mensajero ha entregado la noticia, David simplemente replica: «Dile a Joab de mi parte que no se aflija tanto por lo que ha pasado, pues la espada devora sin discriminar. Dile también que reanude el ataque contra la ciudad, hasta destruirla».

Cuando Betsabé oye cómo ha muerto su marido, llora. Sin embargo, mientras lo hace, trata de ocultarse la verdad a sí misma. La mitad de sus lágrimas brotan de la culpa, no del dolor.

Así David, el gran rey héroe de Israel, cae presa de la lujuria y luego del asesinato. Aunque Betsabé sospecha la verdad, pasará un tiempo antes de que conozca los detalles de labios del propio David. Mientras tanto, ella y David se casan, y la gente comenta que esto demuestra la bondad de su rey. ¡Qué generoso es al honrar la memoria de uno de sus soldados caídos proveyéndole a su viuda un hogar! Al saber que Betsabé lleva en su seno al hijo de David, dicen que esto demuestra que Dios le sonríe al rey y honra la memoria de Urías.

No obstante, si usted pudiera estar en el cielo y contemplara el rostro santo de Dios, no podría detectar el más mínimo atisbo de una sonrisa. En efecto, mientras que la sórdida historia de David y Betsabé se desarrolla, él permanece sentado en su gran trono, mirando cómo David daba un paseo por la azotea de su palacio. Observa la primera chispa de deseo y luego ve cómo se transforma en un voraz incendio que devora las vidas de varios hombres. Enfadado con David, Dios le habla al profeta Natán sobre este asunto. Y esto es lo que el profeta le dice a David:

«Dos hombres vivían en un pueblo. El uno era rico, y el otro pobre. El rico tenía muchísimas ovejas y vacas; en cambio, el pobre no tenía más que una sola ovejita que él mismo había comprado y criado. La ovejita creció con él y con sus hijos: comía de su plato, bebía de su vaso y dormía en su regazo. Era para ese hombre como su propia hija. Pero sucedió que un viajero llegó de visita a casa del hombre rico, y como éste no quería matar ninguna de sus propias ovejas o vacas para darle de comer al huésped, le quitó al hombre pobre su única ovejita».

Enfurecido, David emite un juicio rápido y terminante: «¡Tan cierto como que el SEÑOR vive, que quien hizo esto merece la muerte! ¿Cómo pudo hacer algo tan ruin? ¡Ahora pagará cuatro veces el valor de la oveja!».

Natán le dice: «¡Tú eres ese hombre! Así dice el SEÑOR, Dios de Israel: "Yo te ungí como rey sobre Israel, y te libré del poder de Saúl. Te di el palacio de tu amo, y puse sus mujeres en tus brazos. También te permití gobernar a Israel y a Judá. Y por si esto hubiera sido poco, te habría dado mucho más. ¿Por qué, entonces, despreciaste la palabra del SEÑOR haciendo lo que me desagrada? ¡Asesinaste a Urías el hitita para apoderarte de su esposa! ¡Lo mataste con la espada de los amonitas! Por eso la espada jamás se apartará de tu familia, pues me despreciaste al tomar la esposa de Urías el hitita para hacerla tu mujer".

»Pues bien, así dice el SEÑOR: "Yo haré que el desastre que mereces surja de tu propia familia, y ante tus propios ojos tomaré a tus mujeres y se las daré a otro, el cual se acostará con ellas en pleno día.* Lo que tú hiciste a escondidas, yo lo haré a plena luz, a la vista de todo Israel"».

David está devastado. Se ha convertido en el tipo de hombre que siempre será despreciado. Al admitir su pecado, se entera de que va a perder a su hijo menor, el que Betsabé acaba dar a luz. Pero es peor que eso. La sentencia que expresó contra el hombre rico en la historia de Natán caerá sobre su propia familia. Aunque David no va a perder la vida, tendrá que «pagar por ese cordero cuatro veces». Además del niño que Betsabé le ha dado, Dios permitirá que tres más de los hijos de David —Amnón, Absalón y Adonías— encuentren prematuramente la muerte: uno a mano de Joab y los otros dos a mano de sus propios hermanos.

En cuanto a Betsabé, nadie puede decir con certeza lo que había en su corazón la noche en que se acostó con David. ¿Fue impotente ante el abuso de un rey que la violó, la dejó viuda y sin descendencia por su pecado escandaloso? ¿O era una seductora, empeñada en obtener un lugar en el palacio de David sin importarle el costo? A través de los largos años que

---

* Esta profecía se cumplió cuando el hijo de David, Absalón, se acostó con las concubinas de su padre en una carpa erigida en el techo del palacio a la vista de todos. Curiosamente, fue Ajitofel, el hombre que fuera consejero de David y posiblemente también el abuelo de Betsabé, quien aconsejó a Absalón a emprender esta acción con el fin de reclamar el trono (véase 2 Samuel 16.21-22).

han transcurrido desde su muerte, los narradores han contado la historia en ambos sentidos.*

Lo que resulta seguro es que en poco tiempo Dios la bendice con un hijo más, un niño al que el Señor ama de una manera especial. Ella y David le dan el nombre de Salomón.

A medida que Salomón crece, la salud de su padre comienza a fallar. Finalmente, David llega a ser tan débil que tiene que mantenerse en cama. Temblando violentamente bajo sus cobijas, se le proporciona una enfermera, una hermosa virgen de nombre Abisag, para que lo cuide y consuele. Aunque ella y David no se comportan como marido y mujer, la joven duerme a su lado y lo mantiene caliente.

La declinación de la salud de David plantea cuestiones urgentes e importantes. ¿Cuál de sus hijos heredará el trono?† Decidiendo que él es la respuesta a la pregunta que todos se hacen, el hijo de David, Adonías, conspira con Joab y varios otros para hacerse del poder mientras el rey todavía está vivo.

Habiéndose enterado de la trama, el profeta Natán se lo informa rápidamente a Betsabé, quien va a ver a David y se arrodilla ante él.

«¿Qué quieres?», le pregunta el rey.

Ella le dice: «Mi señor juró por el Señor su Dios a esta servidora suya que mi hijo Salomón sucedería en el trono a Su Majestad. Pero ahora resulta que Adonías se ha proclamado rey a espaldas de Su Majestad. Ha sacrificado una gran cantidad de toros, terneros engordados y ovejas, y ha invitado a todos los hijos del rey, al sacerdote Abiatar y a Joab, general del ejército; sin embargo, no invitó a Salomón, que es un fiel servidor de Su Majestad. Mi señor y rey, todo Israel está a la expectativa y quiere que usted le diga quién lo sucederá en el trono. De lo contrario, tan pronto como Su Majestad muera, mi hijo Salomón y yo seremos acusados de alta traición».

Betsabé sabe que ella y Salomón pueden perder sus vidas si Adonías se afianza en el trono. Aunque el cuerpo de David es débil, su mente sigue siendo fuerte, así que le dice: «Tan cierto como que vive el Señor, que me

---

* Para una interpretación totalmente diferente del papel de Betsabé en la historia, léase Ann Spangler y Jean Syswerda, *Women of the Bible* (Grand Rapids: Zondervan, 2007), pp. 176-84.

† Es probable que David haya tenido setenta años en tanto que Salomón tendría veinte.

ha librado de toda angustia, te aseguro que hoy cumpliré lo que te juré por el Señor, el Dios de Israel. Yo te prometí que tu hijo Salomón me sucederá en el trono y reinará en mi lugar.

»Monten a mi hijo Salomón en mi propia mula, y llévenlo a Guijón para que el sacerdote Sadoc y el profeta Natán lo unjan como rey de Israel. Toquen luego la trompeta, y griten: "¡Viva el rey Salomón!"».

Sin perder tiempo, Sadoc y Natán hacen como David ha dicho y Salomón asciende al trono, mientras todo el pueblo se regocija.

Tan pronto como Adonías se entera, le ruega al rey misericordia y Salomón se la concede. Sin embargo, hay una condición. Debe abandonar sus pretensiones de ser rey. Aunque Adonías acepta, ha llegado a estar muy cerca del poder como para rendirse.

Un día, poco después de la muerte de David, Adonías le solicita una audiencia a la reina madre. Sorprendida de verlo, Betsabé le pregunta: «¿Vienes en son de paz?».

«Sí, vengo en son de paz», le contesta Adonías. Y luego le dice: «Como usted sabe, el reino me pertenecía, y todos los israelitas esperaban que yo llegara a ser rey. Pero ahora el reino ha pasado a mi hermano, que lo ha recibido por voluntad del Señor. Pues bien, tengo una petición que hacerle, y espero que me la conceda. Por favor, pídale usted al rey Salomón que me dé como esposa a Abisag la sunamita; a usted no se lo negará».

Betsabé no es ninguna tonta.* Aunque Abisag todavía es virgen, todos en Israel piensan de ella como esposa de David. Casarse con la esposa del rey es igual que proclamarse uno mismo el rey.

Betsabé aparenta seguirle el juego a Adonías. «Muy bien», le dice, «le hablaré al rey en tu favor».

Sin pérdida de tiempo, va ante el rey Salomón y le dice: «Quiero pedirte un favor. Te ruego que no me lo niegues. Concédele a tu hermano Adonías casarse con Abisag la sunamita».

Ella espera la explosión que sabe que va a venir.

---

* La escena aparece en 1 Reyes 2.13-25. Aunque el texto no establece explícitamente qué vio Betsabé en la petición de Adonías, he hecho girar la historia en esta dirección pues Betsabé tiene que haber sabido que un matrimonio como el que pretendía Adonías habría sido una amenaza a los derechos de su hijo al trono. También debió conocer acerca del vergonzoso episodio descrito en 2 Samuel 16.20-22, en el cual Absalón, el hijo de David, trató de usurpar el trono de su padre al acostarse con las mujeres del harén del rey.

«Pero, ¿cómo puedes pedirme semejante cosa? Es mi hermano mayor. ¡Realmente me estás pidiendo que le ceda el trono!».

Betsabé sabe que antes de que el sol se ponga, su hijo Salomón se ocupará de la amenaza a su trono y que Adonías no vivirá más.

Cuando eso suceda, todo será como debe ser. Su hijo estará seguro en su trono, ya que ella, una madre en Israel, no ha vacilado, sino que se ha alzado para hacer exactamente lo que se requería.

LOS TIEMPOS

Ella probablemente vivió en alguna época entre 1050 y 950 A.C.
La historia de Betsabé aparece en 2 Samuel 11—12 y 1 Reyes 1—2.
También se le menciona en Mateo 1.6.

En un grado mayor que cualquiera de los pueblos vecinos, los israelitas poseían leyes detalladas acerca de la pureza ritual y los métodos para restablecerla cuando alguien llegaba a ser ritualmente impuro. Estas leyes acentuaban la santidad de Dios y ordenaban estipulaciones claras para vivir en su presencia. Ya que la contaminación podía ocurrir al entrar en contacto con ciertas enfermedades, tener relaciones sexuales, menstruar, dar a luz, ingerir comida inmunda, tocar un cadáver, tener o entrar en contacto con descargas corporales o tocar alguna cosa muerta, era imposible mantener la pureza ritual todo el tiempo.

En el caso de Betsabé, el texto es claro al señalar que se estaba dando un baño ritual porque recién había terminado su período menstrual. Al incluir este detalle, el autor está aclarándoles a sus lectores que David y no Urías es el padre de su hijo.

Aunque algunos comentaristas presentan a Betsabé como cómplice en la historia, otros afirman que el relato que hace Natán de la cordera inocente la describe como la víctima en el crimen de David. Y señalan que tiene que haber sido imposible para ella rechazar al rey dado el grado de poder que este tenía. Si este es el caso, su historia es aun más trágica, porque además de haber sido violada y su marido llevado a la muerte, sufrió la pérdida de un hijo por el pecado de David.

Mateo, en la genealogía que ofrece de Jesús, en lugar de mencionar a Betsabé por su nombre se refiere a ella como la «que había sido esposa de

Urías». ¿Fue esta una manera en que Mateo ignorara a la mujer a quien responsabiliza por la caída de David? ¿O es un ejemplo más por medio del cual la Escritura está subrayando el pecado humano —en este caso el pecado de David— y la generosa provisión de Dios de un Salvador?

Kenneth Bailey, experto en estudios del Oriente Medio del Nuevo Testamento, que ha pasado más de cuarenta años viviendo y enseñando en esa parte del mundo, dice que ninguna mujer que se respetara en ese entonces o ahora se daría un baño a la vista del palacio, señalando que Betsabé sabía exactamente lo que estaba haciendo.

Por lo tanto, ¿qué es ella, villana o víctima? Puede que nunca lo sepamos. Lo que sí sabemos es que aun los más grandes héroes de la Biblia son personas frágiles cuyos corazones, como los nuestros, tienen necesidad de redención.

Aunque nuestra cultura puede ver los devaneos sexuales como algo natural, Dios los ve bajo otra luz, porque él sabe las consecuencias que causan en las familias y comunidades en las que ocurren.

ALGO PARA PENSAR

1. Lea 2 Samuel 11—12. ¿Qué rol cree usted que juega Betsabé en la historia y por qué?

2. El castigo por el adulterio era la muerte. Dedique unos minutos a imaginar que usted es Betsabé y acaba de enviarle un mensaje al rey David diciéndole que está embarazada. Describa cómo se sentiría y qué estaría pensando.

3. A diferencia de la antigua cultura bíblica, nuestra sociedad a menudo considera atractivo el adulterio y la inmoralidad sexual. ¿Cuáles son los beneficios de resistir las tendencias culturales?

4. Betsabé tuvo que enfrentar múltiples tragedias: una posible violación, un embarazo no deseado, el homicidio de su marido y la muerte de su hijo poco tiempo después de haber nacido. Sin embargo, Dios la bendijo con un hijo que llegaría a ser el

rey de Israel y el hombre más sabio del mundo. Si usted tuviera que resumir la vida de Betsabé en una frase, ¿cuál emplearía? Y si tuviera que resumir su propia vida hasta ahora en una frase, ¿cómo la resumiría?

5. Describa la progresión del pecado de David. ¿Qué revelan sus actos sobre las consecuencias de la tentación del entretenimiento? ¿Cómo ha visto este proceso actuando en usted y otros?

6. ¿Dónde en la historia ve usted evidencias de la bondad y la misericordia de Dios? ¿Cómo ha experimentado su misericordia con respecto a sus propias flaquezas?

CAPÍTULO 14

Una reina terrible

LA HISTORIA DE JEZABEL

Cómo la mala reina Jezabel aprende que
no es sabio pelear con Dios

*Los reyes de la tierra se revelan; los gobernantes se confabulan
contra el Señor y contra su ungido. Y dicen: «¡Hagamos pedazos sus
cadenas! ¡Librémonos de su yugo!» El rey de los cielos se ríe; el Señor
se burla de ellos. En su enojo los reprende, en su furor los intimida.*

Salmos 2.2–5

Sus labios rojos se destacan contra la piel del color de la orilla del mar. Mientras camina, se puede escuchar el tintineo de los pequeños adornos atados a sus pies y tobillos. Los mechones de pelo negro rizado entrelazados firmemente serpentean hasta la mitad de la espalda, en dos trenzas cortas que caen una a cada lado. En su muñeca, un brazalete de oro con la cola de una serpiente en un extremo y la cabeza de un león en el otro. Con la espalda recta, la cabeza alta, y una banda de oro adornando su frente, es la imagen de una rica y poderosa mujer fenicia. Si no fuera por la mirada maliciosa que baila alrededor de sus ojos luciría encantadora.

¿Qué complot estará tramando ahora? No mucho tiempo atrás uno de sus vecinos, un hombre llamado Nabot, había sido ejecutado por cargos falsos debido a que Jezabel quería confiscar su viña para presentársela como un pequeño regalo agradable a Acab,* su marido. Mientras residía en su palacio de invierno en Jezrel, el rey Acab había ofrecido comprar la hermosa viña de Nabot, pero estúpidamente el hombre se había negado a venderla. Frustrado por este don nadie, Acab se había ido a su cama de mal humor y negándose a comer.

Asombrada de que un rey no pudiera tomar lo que su corazón deseaba, Jezabel no tardó en urdir un plan. Hizo arreglos para que Nabot fuera condenado por delitos graves de tal manera que perdiera la vida y sus tierras. Semanas después los gritos del pobre hombre seguían resonando en los oídos de los que conspiraron contra él, haciendo caso omiso de sus ruegos por misericordia bajo la andanada de piedras que cobraron su vida.

El poder es una cosa terrible en manos de una persona malvada, pero es peor cuando esa persona pretende ser intensamente religiosa, como lo es Jezabel. Y no es de extrañar. Su papá es Et Baal, sacerdote, rey de Sidón, que sirve al jinete de las nubes, al dios de la tormenta, que trae la lluvia y la prosperidad. Este es el dios al que llaman Baal, al cual ella y su padre adoran.

---

* Esto es lo que dice la Biblia acerca del marido de Jezabel: «Nunca hubo nadie como Acab que, animado por Jezabel su esposa, se prestara para hacer lo que ofende al SEÑOR. Su conducta fue repugnante, pues siguió a los ídolos, como lo habían hecho los amorreos, a quienes el SEÑOR expulsó de la presencia de Israel» (1 Reyes 21.25-26).

Así como todos los matrimonios reales deberían ser, el matrimonio de Acab y Jezabel es estratégico, dándoles a los fenicios acceso a los mercados internos mientras le provee a Israel el acceso a los ricos mercados del Mediterráneo. A pesar de su creciente poder, Jezabel tiene enemigos, uno en particular. Su nombre es Elías, ¡y vaya que la impacienta ese profeta astuto!

Después de casarse con el rey de Israel, Jezabel trabaja duro para alejar los corazones del pueblo de su Dios, Yahweh. Decidida a establecer a Baal como la máxima deidad reinante sobre Israel, les da muerte a todos los profetas que puede aprehender. Sin embargo, algunos la eluden, entre los cuales está el peor de todos, Elías, ese loco que afirma haber cerrado los cielos provocando sequía y hambre debido a que ni ella ni Acab se van a doblegar ante el Dios de Israel. Incluso ahora se pone furiosa al recordar la peor de sus escapadas en lo que ha sido el día más humillante de su vida. Su marido el rey acababa de regresar del monte Carmelo con noticias terribles.

«¡Elías nos ha convertido en el hazmerreír!», le dice.

El viejo enemigo de Jezabel había aparecido otra vez, reprendiendo al rey por rendirse a la influencia de su esposa y dedicarse a la construcción de un templo para Baal: «Has abandonado a Dios, eligiendo seguir a los baales y creándole problemas a Israel», le echa en cara Elías.

¡Qué insolencia! ¿Cómo pudo ese despreciable profeta atreverse a regañar a un rey?

Acab continúa con su triste historia. «Invita a los ochocientos cincuenta profetas de Baal y Asera», me dijo Elías, «a los que tu mujer alimenta en su mesa, a reunirse conmigo en el monte Carmelo. Allí vamos a resolver la cuestión de una vez por todas acerca de quién es realmente Dios: Baal o Yahweh.

»Traigan dos toros y deja que los profetas de Baal corten uno en pedazos y lo pongan sobre la leña sin encender el fuego. Después de eso, yo voy a preparar el otro toro, colocándolo sobre la leña, pero sin encender el fuego tampoco. Luego, que los profetas de Baal clamen a su dios y yo invocaré al mío. El dios que responda con fuego, ese es Dios».

Acab le dice a modo de confidencia a Jezabel: «Hubiera parecido débil de mi parte rechazar su desafío. Además, pensé que con una apuesta tan fácil podríamos finalmente deshacernos de ese hombre con una buena patada en el trasero. Así que llamé a los profetas y presentaron su sacrificio en el altar, gritando y bailando alrededor de él, clamando e implorando:

Baal, dios del trueno,
dios de la tormenta, que cabalgas sobre las nubes,
arroja tus rayos,
quema la ofrenda que hemos preparado.
¡Señor de la tierra fértil,
el más grande de todos los dioses guerreros,
vindica tu buen nombre
y manifiesta tus fuerzas!

»Seguramente Baal responderá a hombres de tanta pasión, pensé. Y esperamos hora tras hora, pero no pasó nada. Ni rayos ni relámpagos. Ni siquiera una chispa.

»Miré a Elías, ese viejo estúpido, y lo vi estremeciéndose de risa. "¡Griten más fuerte!", chillaba. "Tal vez Baal está durmiendo y no se puede despertar. O tal vez anda de viaje, o tal vez se ha taponeado los oídos con algodón".

»Me dieron ganas de abofetearlo.

»Con la llegada de la noche llegó su turno. Increíblemente, comenzó haciendo el desafío aun peor: vertió cuatro jarras de agua sobre su sacrificio, empapándolo todo. Y no una, sino tres veces.

»¡Imbécil! Qué ridículo se va a ver cuando no pase nada, me dije. Y en ese momento clamó, invocando al Dios de Abraham, Isaac e Israel.

»De repente, el cielo se abrió y fuego bajó impetuoso cubriendo todo el altar y lamiendo hasta la última gota de agua que había en la zanja. Consumió el holocausto, la leña, las piedras, e incluso la suciedad debajo de ellas».

Recordando la escena, el rey se esfuerza por terminar.

«Cuando todo el pueblo vio esto, se postró y exclamó: "¡El SEÑOR es Dios! ¡El SEÑOR es Dios!".

»Después de eso, Elías le dijo al pueblo: "¡Agarren a los profetas de Baal! ¡Que no escape ninguno!"».

Jezabel está temblando, pero no de miedo, sino con una furia que corre a través de ella como una oleada de poder, haciéndola sentir invencible. Ella no sabe ni le preocupa cómo Elías ha hecho funcionar su magia. No hay espacio en su corazón para la curiosidad, solo para la venganza. Sin embargo, hay una cosa que sí sabe. El anciano deberá ser castigado. No le puede permitir que la humille de esa manera. Va a complacer al señor Baal defendiendo su honor mientras aplasta al hombre que les ha provocado tantos problemas.

De una vez, despacha a un mensajero para que le lleve a Elías esta amenaza: «Que los dioses me castiguen sin piedad si mañana a esta hora no te he quitado la vida como tú se la quitaste a mis profetas».

Lo que sucede es que los dioses en realidad se ocupan de Jezabel, pero decir ahora cómo esto ocurre sería apresurar el final de la historia.

Con la ayuda de un ángel, Elías huye, escondiéndose muy lejos, de modo que la reina malvada pronto se da cuenta de que es imposible matar a un hombre al que no puede encontrar.

El tiempo pasa.

Con todo, Jezabel sigue siendo la misma, solo que más mala de lo que lo ha sido hasta ahora, regodeándose con su más reciente triunfo: la cuestión de Nabot y el viñedo robado.

Sin embargo, el Dios que ve todas las cosas —el Dios de Abraham, Isaac e Israel, el Dios conocido como Yahweh— tiene su ojo sobre Jezabel y su malvado esposo. Y este Dios anima a su siervo Elías, diciéndole: «Ve a encontrarte con Acab, rey de Israel, que gobierna en Samaria. En este momento se encuentra en el viñedo de Nabot, tomando posesión del mismo. Dile que así dice el SEÑOR: "¿No has asesinado a un hombre, y encima te has adueñado de su propiedad?". Luego dile que así también dice el SEÑOR: "¡En el mismo lugar donde los perros lamieron la sangre de Nabot, lamerán también tu propia sangre!"...

»Y en cuanto a Jezabel, el SEÑOR dice: "Los perros se la comerán junto al muro de Jezrel"».

El rey, con todo y rey que es, apenas se atreve llevar la noticia de esta última amenaza a la reina. Para su sorpresa, Jezabel simplemente echa la cabeza hacia atrás y se ríe. Se ríe tanto y tan fuerte que Acab piensa que no va a detenerse nunca.

Pasan los años.

Un día, Acab sale a la batalla acompañado de Josafat, rey de Judá. «Yo entraré a la batalla disfrazado, pero tú te pondrás tu ropaje real», le dice. El idiota de Josafat hace precisamente lo que Acab le pide que haga.

Mientras tanto, su enemigo, el rey de Siria, instruye a sus comandantes, diciéndoles: «No peleen con nadie, grande o pequeño, excepto con Acab, rey de Israel. Una vez que hayamos dado cuenta de él, la batalla habrá terminado». Cuando los soldados ubican a Josafat, ataviado con las vestiduras reales, asumen que han dado con su objetivo. Sin embargo, cuando Josafat les grita para evitar que lo maten, se dan cuenta de su error. Entonces, olvidándose de él, se lanzan a la caza de Acab.

Un arquero dispara una flecha aparentemente al azar. La flecha vuela veloz y directo a través de largas filas de hombres, hasta que por fin llega a su destino: el rey Acab disfrazado. La flecha se abre camino por entre las piezas de su armadura. Herido de muerte, Acab le ordena al que conducía su carro que lo saque del campo de batalla. Apoyado como un pendón roto, el rey muere lentamente mientras la sangre que brota de la herida cubre el piso del carro.

Cargando el cuerpo de su otrora gran rey hacia el palacio real, sus soldados dejan el carro para lavarlo en una pileta frecuentada por las prostitutas. Entonces los perros lamen la sangre de Acab tal como el Dios de Elías lo había predicho.

Pasan más años.

Por ese tiempo, Elías ha sido trasladado al cielo y su lugar lo ha tomado su ayudante, Eliseo. Aunque Jorán, el hijo de Jezabel, está reinando en el lugar de Acab, Eliseo da órdenes secretas para que un hombre intrépido de nombre Jehú, comandante en el ejército de Jorán, sea ungido como el nuevo rey de Israel.

Eliseo nombra a un ayudante, otro profeta, para que lleve a cabo esta peligrosa misión. Tan pronto como localiza a Jehú, el mensajero lo lleva a una habitación privada, vierte aceite sobre su cabeza, y le dice: «Así dice el Señor, Dios de Israel: "Ahora te unjo como rey sobre mi pueblo Israel. Destruirás a la familia de Acab, tu señor, y así me vengaré de la sangre de mis siervos los profetas; castigando a Jezabel, vengaré la sangre de todos mis siervos. Toda la familia de Acab perecerá... Y en cuanto a Jezabel, los perros se la comerán en el campo de Jezrel, y nadie le dará sepultura"».

Entonces el profeta abre la puerta de la habitación en la que acaba de ungir a Jehú rey y sale corriendo para salvar la vida.

Sin pérdida de tiempo, Jehú comienza a marchar hacia Jezrel, donde reside Jorán, el hijo de Jezabel. Cuando el centinela del palacio lo ve, grita:

—¡Se acercan unas tropas!

En seguida Jorán ordenó:

—Llama a un jinete y mándalo al encuentro de las tropas para preguntarles si vienen en paz.

El jinete se fue al encuentro de Jehú y le dijo:

—El rey quiere saber si vienen en paz.

—¿Y a ti qué te importa? —replicó Jehú—. Ponte allí atrás.

Entonces el centinela anunció:

—El mensajero ya llegó hasta ellos, pero no lo veo regresar.

Por tanto, el rey mandó un segundo jinete. Cuando alcanza a Jehú y sus hombres, le pregunta:

—El rey quiere saber si vienen en paz.

—Eso a ti no te importa —replicó Jehú—. Ponte allí atrás.

El centinela informó de nuevo:

—Ya llegó el mensajero hasta ellos, pero no lo veo regresar. Además, el que conduce el carro ha de ser Jehú hijo de Nimsi, pues lo hace como un loco.

—¡Enganchen el carro! —exclamó Jorán, rey de Israel.

Enseguida, sale al encuentro de Jehú. Ambos se enfrentan, precisamente en los terrenos que Jezabel le había arrebatado a Nabot.

—Jehú, ¿vienes en paz?

—¿Cómo puede haber paz mientras haya tantas idolatrías y hechicerías de tu madre Jezabel? —replicó Jehú.

Demasiado tarde, Jorán se vuelve para huir, pero Jehú le dispara una flecha que se le clava justo entre los hombros. El cuerpo cae a tierra. Jehú sigue cabalgando. Solo una vez mira atrás para ver al rey muerto, cuyo cadáver yace en el mismo terreno que una vez perteneció a Nabot.

Jehú prosigue su marcha.

Cuando Jezabel oye que viene por ella, corre al tocador. Ayudándose con un espejo de plata, examina su rostro, que ha perdido su lozanía. La malicia alrededor de sus ojos se ha endurecido. Los labios que una vez fueron redondos y llenos forman ahora una especie de cicatriz a través de la cara. Con mano temblorosa comienza a pintarse los ojos. Luego se cepilla el pelo. Externamente en calma, puede sentir los fuertes latidos de su corazón. Arreglándose la cabellera, la reina malvada se para junto a la ventana para ver a Jehú cuando llegue.

¿Está planeando seducirlo o resistirse a él? Sus asistentes no lo saben.

Sus siguientes palabras lo aclaran. Tan pronto como Jehú está al alcance de oírla, le grita: «¿Has venido en paz, asesino de tu señor?». Haciendo oídos sordos a la acusación, Jehú trata a la reina como si fuera nadie. Dirigiéndose a los servidores que están de pie a su lado, les grita: «¿Quién está de parte mía? ¿Quién de ustedes? ¡Échenla abajo!».

En un instante, la mujer que se había hecho enemiga de Dios asesinando a sus profetas y robando los corazones de aquellos que le pertenecen es lanzada por la ventana, cayendo con un golpe seco sobre el suelo. Allí es pisoteada por los caballos.

Después, mientras Jehú come y bebe, recuperándose del duro trabajo de cometer regicidio, se le ocurre que Jezabel debe ser sepultada. «Ocúpense de esa mujer maldita y entiérrenla, porque era la hija de un rey», le dice a su gente.

Sin embargo, ya es demasiado tarde.

En el momento en que llegan a ella, ven que casi nada queda de Jezabel. Ni la túnica púrpura que llevaba, ni siquiera una hebra de su cabello. Solo un cráneo más bien pequeño y los pies y las manos tirados en el suelo como basura.

Cuando Jehú oye la noticia, simplemente se encoge de hombros y dice: «Se ha cumplido la palabra que el SEÑOR dio a conocer por medio de su siervo Elías el tisbita, que dijo: "En el campo de Jezrel los perros se comerán a Jezabel". De hecho, el cadáver de Jezabel será como estiércol en el campo de Jezrel, y nadie podrá identificarla ni decir: "Ésta era Jezabel"».

La reina Jezabel, cuya maldad fue legendaria, de repente dejó de existir. ¿En qué terminaron sus malvados planes y conspiraciones despreciables? En nada. Al final, ella y su familia perecieron, y todo vestigio de su existencia quedó completamente borrado. Ciertamente, el suyo es el destino de todos los malos. Capaz de crecer por un tiempo, el mal es como una niebla que de pronto desaparece al calor de la ira del Señor para nunca volver a verse.

Así termina la historia de la reina más malvada de la Biblia, una mujer excepcionalmente persistente que descubrió demasiado tarde que luchar con Dios no trae beneficios.

LOS TIEMPOS

Su historia tiene lugar durante el período de 873-841 A.C.

La historia de Jezabel se encuentra en 1 Reyes 16.29-33; 18.1—19.2; 21.1-25; 2 Reyes 9.

Después de la muerte de Salomón, las tribus de Israel se dividieron en dos, con Israel en el norte y Judá en el sur. La historia de Jezabel y Acab se desarrolla en Israel.

Siendo uno de los más fuertes personajes femeninos en la Biblia, ella es también una de las pocas mujeres que se describen como terriblemente malas. Como una muestra de desprecio, el escritor bíblico distorsiona deliberadamente su nombre fenicio, que significa «el príncipe Baal existe», reemplazándolo con un nombre hebreo que transmite un insulto no tan sutil. La palabra hebrea significa: «¿Dónde está el excremento (estiércol)?».

Además de darles muerte a los profetas de Israel, Jezabel promovió activamente el culto a Baal, usando su considerable riqueza para apoyar a cuatrocientos cincuenta profetas de Baal y a cuatrocientos profetas de Asera, la consorte femenina del dios cananeo El.

Un antiguo sello, que pudo haber pertenecido a Jezabel y tiene su nombre escrito con caracteres fenicios, se descubrió en Samaria, donde gobernó junto con Acab. Aunque ella y Elías eran enemigos acérrimos, el desafío en el monte Carmelo representó la culminación de una guerra continua por la supremacía, no solamente entre dos seres humanos, sino entre Yahweh y Baal.

Considerado como el dios de las tormentas y la fertilidad, Baal era ampliamente adorado en toda la región y se le conocía con varios nombres, como Baal Hadad, Baal Hamon o Baal Melqart, dependiendo del lugar. En una sociedad politeísta, la gente creía que los dioses operaban dentro de una estructura jerárquica. Las deidades gobernantes poderosas se asociaban con ciertas naciones, mientras que las deidades menores se conectaban con los clanes y las familias.

Es posible que Acab y Jezabel estuvieran tratando de reemplazar a Yahweh por Baal como Dios nacional de Israel.

A diferencia de la mayoría de los profetas de Acab, Elías no estaba al servicio del rey. Como portavoz de Yahweh, se separó de otros profetas de la región cuyo trabajo era halagar al rey y legitimar su gobierno. En lugar de adular a Acab y Jezabel, Elías repetidamente arriesgó su vida al atacar el corazón mismo del poder real. Él sabía que la idolatría destruiría a su pueblo, porque llegarían a ser iguales a los ídolos que adoraban en lugar de como el santo Dios que los había elegido para que fueran suyos.

ALGO PARA PENSAR

1. La raíz de la maldad de Jezabel estaba afianzada en la idolatría, que es una forma distorsionada de adoración. La idolatría consiste en darle primacía a algo o alguien que no sea Dios. ¿De qué maneras sutiles y no tan sutiles reconoce usted la idolatría en la cultura contemporánea? ¿Qué formas podría tomar no solo en el mundo más amplio, sino también entre los miembros de su comunidad, incluyendo la comunidad cristiana?

2. ¿Qué nos dice la batalla desigual entre los cuatrocientos cincuenta profetas de Jezabel y el solitario profeta Elías acerca de la naturaleza del poder espiritual? ¿Cómo ha experimentado usted el poder de Dios obrando en su propia vida a pesar de las probabilidades en su contra?

3. ¿Qué clase de cosas tienden a funcionar como ídolos potenciales en su vida, alguien o algo aparte de Dios, a las que usted le atribuye el máximo valor? Por ejemplo, podría ser una relación largamente deseada, un cierto nivel de ingresos o un elevado estándar de vida, una posesión anhelada o incluso una lealtad a un partido político determinado. ¿De qué maneras, pequeñas o grandes, este alguien o algo aleja su corazón de Dios?

4. Pasaron años antes de que Acab y luego Jezabel enfrentaran el prometido juicio de Dios. Mientras tanto, es posible que Jezabel haya abrigado la seguridad de que había desafiado a Dios sin consecuencias. ¿Cómo es su historia un llamado de atención sobre lo que les ocurrirá a todos los que desafíen a Dios, ya sea abierta o sutilmente, como a veces sucede en el día de hoy?

CAPÍTULO 15

Una descarriada terrible

LA HISTORIA DE GÓMER

Cómo una esposa disoluta aprende el
significado del verdadero amor

*Porque el que te hizo es tu esposo; su nombre es
el Señor Todopoderoso. Tu Redentor es el Santo de
Israel. ¡Dios de toda la tierra es su nombre!*
Isaías 54.5

*E*lla está de pie afuera en el frío, bajo una lluvia refrescante, dejando que se formen pequeños riachuelos que descienden por sus mejillas hasta sus labios. Es como el lirio del valle que derrama su fragancia por el campo, o como las uvas exuberantes que ponen a los hombres contentos. Fertilidad y fecundidad, celebración y abandono... esas son las fuerzas que fluyen de ella.

Es joven, bella y audaz, siempre está sonriendo. Sus grandes ojos oscuros brillan, atrayendo hacia sí misma una inevitable atención. Dios sabe lo fácil que le resultaría atraer a sus admiradores y con ellos una abundante cantidad de regalos de plata y oro. A pesar de que está decidida a exprimirle hasta la última gota de dulzura a la vida, eso no es todo lo que quiere. Más que cualquier otra cosa, está buscando a alguien a quien poder adorar.

De pronto, fija la mirada en un hombre que viene corriendo hacia donde ella está. No es el deseo lo que lo motiva, sino el dolor y la angustia. Ella lo sabe porque es buena para conocer a la gente y porque es su marido el que se acerca.

«Gómer», le dice. «¡Regresa a casa!».

Y es lo que hace, aunque a regañadientes. Oseas es un buen hombre, pero a veces la bondad puede ser aburrida. Él solo habla de Dios y la fidelidad al pacto, apagando su buen humor y haciendo que se sienta avergonzada de sus pecados. Sin embargo, ¿por qué tiene que ser malo soñar con un poco de placer en esta vida?

Oseas está angustiado por todo lo que ve. El pueblo ofrece sacrificios en los santuarios paganos, lanzando alabanzas a Baal por cada cosecha. Se han olvidado de la fe que profesaban sus padres. No obstante, ella piensa que no tiene mayor importancia cómo nombra el pueblo a sus dioses —si Baal o Yahweh, o incluso Asera, la presunta esposa de Yahweh— mientras se reconozca y se reverencie al dios que les provee la lluvia, la cosecha, el pan y el vino. Si Yahweh estuviera tan molesto, ¿por qué la lluvia ha sido tan abundante, los cultivos tan exuberantes y la paz tan duradera? Si todos están adorando al dios equivocado, ¿por qué hay tanta gente bendecida con tanto?

Aun así, Oseas insiste en señalar lo alterado que está todo: la brecha entre ricos y pobres, los engaños y las mentiras, la inmoralidad sexual, los asesinatos y la adoración a innumerables ídolos. Dice que el pueblo de Dios no es diferente a los cananeos. En lugar de susurrar su desaprobación, la grita, como el que ha sido elegido por Dios para decirles a todos —especialmente a los sacerdotes— que son rameras y prostitutas y Dios ciertamente los castigará.

Ella considera que es indignante y vergonzoso que la reconozcan como la esposa del profeta Oseas, por eso sus ojos comienzan a buscar a alguien a quien pueda amar de verdad.

Si Gómer pudiera detenerse solo un momento y tratara de leer el corazón de su marido, descubriría que se lo ha roto más de una vez. Tal vez ya lo sabe. Sin embargo, lo que no sabe —aún no— es cuán duro fue para Oseas casarse con ella. Gómer no tiene idea de que Yahweh, el Dios de sus antepasados y los de ella, le dio instrucciones, diciendo: «Ve y toma por esposa una prostituta, y ten con ella hijos de prostitución, porque el país se ha prostituido por completo. ¡Se ha apartado del Señor!». Tampoco se da cuenta de que su matrimonio se ha convertido en una parábola pública, una historia que Dios le está contando a su pueblo.

Ya ella ha dado a luz tres hijos. El primero fue un niño que su marido llamó Jezrel, que significa «Dios desparrama».[*]

Luego vino una niña a la que puso por nombre Lo-ruhama, que significa «Indigna de compasión», y otro hijo varón al que llamó Lo-ammi, que significa «Pueblo ajeno». Aunque él no ha dicho nada, ella sabe que él duda de que los dos últimos hijos sean suyos.

Sin embargo, cada vez que hace oír su voz anunciando muerte y destrucción, su marido el profeta no puede dejar de añadir algo de esperanza: «Con todo, los israelitas serán tan numerosos como la arena del mar, que no se puede medir ni contar. Y en el mismo lugar donde se les llamó: "Pueblo ajeno", se les llamará: "Hijos del Dios viviente". El pueblo de Judá se reunirá con el pueblo de Israel, y nombrarán un solo jefe y resurgirán en su país, porque grande será el día de Jezrel».

---

[*] Jezrel fue el lugar donde Jehú ocasionó la muerte de Jezabel y mató a Jorán y los demás hijos de Jezabel, acabando con la línea de Acab. A través de Oseas, Dios declaró que iba a castigar a la dinastía de Jehú por su excesiva brutalidad y su reiterada tolerancia y promoción del culto a Baal.

Gómer sabe que Jezrel, que es el nombre de un extenso y fértil valle al norte de Samaria, tiene más de un significado. Además de «Dios desparrama», también puede significar «Dios siembra», lo que representa que después de la venida del juicio, Dios proveerá una vez más para su pueblo en esta tierra exuberante y hermosa.

No obstante, ella está harta de escuchar sus advertencias y pronunciamientos pesimistas, así que lo deja y abandona a sus hijos. Echando por la borda todo tipo de autocontrol, comienza a llevar una vida disoluta. Por un tiempo, la disfruta. Hace lo que quiere y cuando quiere. Sus amantes no le dicen nada desagradable, sino solo lo que ella quiere oír: que es la mujer más estupenda y excitante que hayan conocido. Se siente rica con todos los regalos que le dan: plata y oro, lana y lino, vino y aceite. Aun así, algo le sigue faltando.

Ese algo resulta ser alguien: un hombre al que conoce y cuyos atractivos son aún mayores que los suyos. A ella le encanta dejar reposar su cabeza en su amplio pecho y sentir sus fuertes brazos rodeándola. Siendo un hombre de influencia y agudo ingenio, su amante sabe exactamente lo que le complace. Mientras él está cerca, ella se siente segura. Mientras ella le honra, él se alegra de estar a su lado.

Sin embargo, las cosas comienzan a cambiar. Él está lejos, más de lo que ella quisiera, y no siempre es tan atento como debería ser. Ella comienza a aferrarse a él y luego a hacerle preguntas sobre dónde y con quién ha estado. Y mientras más le pregunta, menos respuestas le da él; mientras más lo persigue, más él se aleja hasta que termina desapareciendo.

Al quedarse sola, ella siente su gran vacío. Aunque trata de convencerse de que su amante volverá pronto, sus lágrimas reflejan la verdad: él se ha ido para siempre. A medida que el tiempo pasa, empieza a darse cuenta de que la soledad no es su único problema. El mundo a su alrededor está cambiando rápidamente. Por largos años, Jeroboán II gobernó a Israel. Ahora el rey ha muerto y el país está cayendo en un caos. La vida se vuelve más difícil cuando un rey cae asesinado y otro asciende al trono rápidamente.

Gómer también está cambiando. Está envejeciendo. Muchos de los hombres que buscan sus servicios ahora se muestran rudos y groseros. Cuando han hecho lo que venían a hacer, ya no se quedan. En estos tiempos de incertidumbre, ella no tiene a nadie que la anime cuando se deprime o la cuide cuando se enferma. En lugar de una roca sólida debajo de ella, solo hay arena movediza.

Y llega la enfermedad. Llagas que aparecen y no se curan. Se aplica capas de maquillaje lo mejor que puede para ocultar la preocupación que va cincelando pequeñas líneas alrededor de los ojos. La fatiga se desliza sobre ella como una niebla persistente que no se va a levantar.

Por ahora, su provisión de plata y oro se ha reducido. Al principio gastó despreocupadamente, pero ahora lo hace con frugalidad, porque solo algunas monedas la separan de vivir en la calle, en el desamparo. En las noches que nadie la visita, se sienta sola, recordando las palabras inquietantes que su marido le dijo el día cuando ella se fue de la casa. Todavía puede oír el enojo en su voz y ver las lágrimas de rabia que ruedan por su rostro.

«¡Échenle en cara a su madre
    que ni ella es mi esposa ni yo su esposo!
¡Que se quite del rostro el maquillaje de prostituta,
    y de entre los pechos los adornos de ramera!
De lo contrario, la desnudaré por completo;
    la dejaré como el día en que nació.
La pondré como un desierto:
    ¡la convertiré en tierra seca y la mataré* de sed!».

Aunque han sido dichas hace toda una vida, las palabras de Oseas finalmente han dado en el blanco. Ella sabe de lo que él le estaba hablando. De ser abandonada, rechazada, despreciada como si fuera nada. Seguramente no puede haber dolor mayor.

No obstante, sus palabras se vuelven tiernas cuando le habla de transformar el valle de la Desgracia en el paso de la Esperanza. ¿Pero qué clase de magia puede convertir las angustias de una persona en esperanza? Esto ella no lo sabe.

«Yo te haré mi esposa para siempre,
    y te daré como dote el derecho y la justicia,
    el amor y la compasión.

---

   * De acuerdo con la letra de la ley de esos días, Oseas pudo haber ejecutado a Gómer por su infidelidad, pero el castigo raramente se llevaba hasta ese extremo.

Te daré como dote mi fidelidad,
  y entonces conocerás al SEÑOR».

A medida que las palabras le llegan, siente sus punzadas en lugar de sus promesas. Ella ha perdido demasiado, lo ha tirado todo por la borda. A pesar de que echa de menos su hogar, esposo e hijos, le falta el valor para regresar. En cambio, gasta el último de sus tesoros y cae en deuda. Incapaz de pagar los intereses, se vende como esclava. Todavía joven, su futuro se prolonga en una miseria sin fin.

Y entonces, un día, un hombre viene a buscarla. Su hombre viene por ella. Oseas tiene dinero en efectivo, todo el dinero que ha podido reunir. Cuando él descubre que el dinero no es suficiente, agrega una cantidad de cebada al trato. Y ella recupera la libertad.

Sin embargo, ¿qué va a hacer ella con su libertad?

Más tarde él le cuenta lo que pasó. «El Señor vino a mí y me dijo que te hiciera mi esposa, diciendo: "Ve y ama a esa mujer adúltera, que es amante de otro. Ámala como ama el SEÑOR a los israelitas, aunque se hayan vuelto a dioses ajenos y se deleiten con las tortas de pasas* que les ofrecen".

»Así que yo te compré por quince siclos de plata y una carga y media de cebada. Vas a vivir conmigo mucho tiempo, pero sin prostituirte. No tendrás relaciones sexuales con ningún otro hombre. ¡Ni yo te voy a tocar!».

De esta manera Gómer, que había vivido una vida disoluta, regresa a su casa para vivir con Oseas, un marido que no se merece. ¿Y qué ha sido de los hijos? Se alegrará al saber que Lo-ruhama es ahora Ruhama, que significa «Compadecida», y Lo-ammi se llama Ammi, que significa «Pueblo mío».

Pero, ¿qué hay en cuanto a Israel? Fascinado por la historia del profeta y la prostituta, el pueblo de Dios es incapaz de ver la forma en que tal historia posiblemente se aplique a ellos. Por eso, continúa en su peligrosa rebeldía.

Después de no mucho tiempo, Dios permite que en el norte surja un rey. Pronto este poderoso rey pagano aplasta a Israel, llevándose a su pueblo a la cautividad. Separados de su propia tierra, la tierra que Dios les

---

  * Oseas 3.1 dice que el pueblo le ofrecía tortas de pasas a Baal, en acción de gracias por una buena cosecha.

había dado, llegan a ser tan insustanciales como la niebla de la mañana, como un poco de humo escapando por una ventana. Sin embargo, Dios, que no desperdicia nada, utiliza sus pruebas para hacerlos volver a la sensatez. A través del tiempo, recuerdan la maravillosa historia de Gómer y Oseas, y las palabras del profeta, que dijo:

«¡Vengan, volvámonos al Señor!
Él nos ha despedazado, pero nos sanará;
nos ha herido, pero nos vendará.
Después de dos días nos dará vida;
al tercer día nos levantará,
y así viviremos en su presencia.
Conozcamos al Señor;
vayamos tras su conocimiento.
Tan cierto como que sale el sol,
él habrá de manifestarse;
vendrá a nosotros como la lluvia de invierno,
como la lluvia de primavera que riega la tierra».

Al igual que Gómer, que tuvo que soportar mucho sufrimiento por haber traicionado al único hombre que de verdad la amaba, el pueblo de Dios languidece en una tierra que no es la suya. No obstante, cuando por fin se vuelven a Dios, él viene a ellos tal como dijo que lo haría: como las lluvias de invierno, y como las lluvias de primavera que riegan la tierra. Él se inclina desde el cielo para bendecir y proveer, casándose con ellos para siempre con justicia y equidad, amor y compasión. Solo entonces ellos descubrirán con cuán profundo amor los ama Dios.

LOS TIEMPOS

Su historia tiene lugar en alguna época entre 755-722 A.C.

La historia de Gómer se encuentra en Oseas 1—3.

Después de la muerte de Salomón, el reino de David se dividió, con Israel en el norte y Judá en el sur. Según un comentarista describe la situación, Israel y Judá «eran como dos gatos que viven en un callejón con un tigre llamado Egipto en un extremo y otro llamado Asiria en el otro, cada uno peleando por tener el control del callejón».[*]

La historia de Gómer y Oseas se desarrolla en el extremo norte de ese callejón, en el reino de Israel. Cuando Oseas comenzó a profetizar, Israel disfrutaba de un período de relativa prosperidad y estabilidad política. Como la vida se hizo más fácil, la nación se alejó de Dios, adoptando muchas de las prácticas religiosas y culturales de los cananeos, incluyendo la adoración de Baal.

Debido a que los israelitas dependían de la lluvia para una buena cosecha, las tentaciones del culto a Baal con su énfasis en que él traía la lluvia y la fertilidad eran demasiado fuertes para que el pueblo se resistiera. A pesar de que en el siglo anterior Elías le había asestado un duro golpe a Jezabel y los profetas de Baal, muchos israelitas aún combinaban la adoración a Baal con la adoración a Yahweh, posiblemente pensando que eran seguidores fieles de Dios aun cuando se comportaran más como seguidores de Baal.

Después de la muerte de Jeroboán II (descendiente de Jehú, el hombre responsable de la muerte de Jezabel), la prosperidad de Israel comenzó a declinar. Gobernado por una sucesión de reyes débiles, llegó a ser políticamente inestable al mismo tiempo que Asiria estaba ganando fuerza en el norte.

A lo largo de su historia, Dios había prometido proteger a su pueblo si solo se mantenían cerca de él. Tristemente, los dos reinos se desviaron. Como consecuencia, Israel cayó ante Asiria en el 722 A.C. y Judá ante Babilonia en el 587 A.C.

ALGO PARA PENSAR

1. ¿Por qué cree usted que Dios le pidió a Oseas dar el paso tan radical de casarse con una mujer que otros hombres habrían despreciado?

2. ¿Por qué fue tan difícil para Israel escuchar lo que Dios estaba diciendo?

---

[*] J. Glen Taylor, «Oseas», *Zondervan Illustrated Bible Backgrounds on the Old Testament*, ed. John H. Walton (Grand Rapids: Zondervan, 2009), 5:6.

3. Aun los matrimonios bien cimentados pueden tener dificultades. Comente sobre los retos inherentes a un matrimonio entre Dios y su pueblo, entre Dios y usted.

4. Aunque Gómer practicó una forma flagrante de infidelidad, es posible ser infiel de maneras que pueden ser menos obvias. Podemos, por ejemplo, ser devotos a una relación perfecta, un trabajo ideal, una salud de hierro. Analice episodios de su propia vida cuando usted se sintió tentado a poner a alguien o algo antes de su relación con Dios. ¿Cuáles fueron las consecuencias? ¿Cómo se manejó en tales situaciones?

5. Cuando Dios le habló a su pueblo de contraer matrimonio, se estaba refiriendo a establecer una relación caracterizada por la justicia por un lado y la compasión por el otro. ¿Qué significado tiene esto en términos prácticos? Como parte de sus reflexiones, piense en ejemplos recientes de su propia vida en los cuales haya experimentado la tensión entre la justicia y la compasión.

6. Cuando la historia de Gómer comienza, el pueblo de Dios se está comportando como cualquiera de los que estaban a su alrededor. Piense en las similitudes y las diferencias entre su cultura y la nuestra.

CAPÍTULO 16

Una simpática terrible

LA HISTORIA DE ESTER

Cómo una reina buena rió de último

*Si lo obedeces y cumples con todas mis instrucciones, seré
enemigo de tus enemigos y me opondré a quienes se te opongan.*
Éxodo 23.22

En una tierra lejana, en una ciudad llamada Susa,* en el palacio de invierno del rey Asuero, se celebran tres fiestas espléndidas. La primera tiene una duración de ciento ochenta días, un medio año completo. En la misma se reúnen los líderes de Persia a fin de que el rey trate de asegurarse su apoyo para la campaña contra los griegos. Mientras los hombres elaboran estrategias y discuten sobre los méritos de la invasión planeada, tienen tiempo suficiente para admirar las riquezas† de la corte y el esplendor del rey, que luce cada día pantalones y túnicas escarlatas y mantos de un púrpura tornasolado.

Una vez que el rey está seguro del apoyo que busca, lleva a cabo otra fiesta. Esta tiene una duración de siete días y está abierta a todos los hombres de la ciudadela de Susa, desde el más insignificante hasta el más connotado.

No vaya a pensar que el rey y sus invitados están confinados a un cuarto dentro del palacio real. No. La fiesta tiene lugar al aire libre, en los suntuosos jardines que rodean el palacio. Beben vino para alegrar sus corazones mientras se reclinan sobre suaves divanes hechos de oro macizo. Las cascadas de agua discurren entre largas e imponentes hileras de árboles y plantas artísticamente distribuidas en formas geométricas. Los pabellones pavimentados con mosaicos multicolores están decorados con telas blancas y azules que cuelgan de anillos de plata sobre columnas de mármol. Plagados de plantas y animales de todas las especies conocidas, los jardines del rey le ofrecen a cada huésped un toque del paraíso.‡

En el séptimo día de la fiesta, cuando el rey está de muy buen humor, manda a los siete eunucos que le sirven que traigan ante él a la reina Vasti, luciendo la corona real. Su deseo es presentarla en toda su hermosura ante

---

* Susa está localizada en lo que ahora es el sudoeste de Irán.

† Persia era extremadamente rico. El historiador griego Heródoto dice que el padre de Jerjes o Asuero, el rey Darío, recibía más de catorce mil talentos de oro y plata como tributo anual, lo que ascendería a cerca de ochocientas mil libras de estos metales preciosos.

‡ Los persas creaban suntuosos jardines a los que llamaban *paridaida,* que literalmente se traduce como «más allá de la muralla», haciendo referencia a un área cerrada. La palabra del griego *panadeisos*, que llegó a significar «paraíso», se deriva de esta palabra.

sus honorables invitados. Quiere que la belleza de la reina sea una prueba más de la grandeza de su esplendor.

Sin embargo, Vasti no es una reina particularmente complaciente. Además, está ocupada en su calidad de anfitriona de una fiesta* solo para mujeres en el interior del palacio real. Al igual que su marido, ha estado comiendo y bebiendo durante varios días. Cuando le comunican la orden del rey, se pone furiosa. ¿Quién se cree que es al ordenarle presentarse ante una horda de hombres borrachos como si no fuera más que una vaca premiada? Envalentonada por demasiadas copas de vino real,† la reina hace lo impensable. Se niega.

Por más extraño que parezca, los persas piensan que son más sabios cuando están ebrios.‡ Hoy Asuero está borracho, lo que hace que desee jactarse ante sus invitados. El vino ha hecho también que su genio se altere.

Tan pronto como se entera de la negativa de su esposa, explota. Y no es el único. Sus consejeros están indignados. ¿Cómo se atreve una mujer a trastornar el orden natural de las cosas? A pesar de que ella es la reina, esto resulta simplemente demasiado para cualquier hombre. ¿Qué irán a pensar sus propias esposas cuando se enteren de que la reina se ha negado a obedecer al rey? No habrá fin para la falta de respeto y la discordia. Es indignante. Aterrador. Así que el rey y sus consejeros se confabulan para acabar con una revuelta que ni siquiera ha comenzado.

Por consejo de sus asesores, Asuero emite un decreto con la destitución de Vasti y la afirmación —para que ninguna mujer tenga dudas al respecto— de que el hombre es siempre y en todas partes el único gobernante de su casa.

Envalentonado por esta gran victoria familiar, Asuero se desplaza hacia el oeste para comandar una fallida invasión a Grecia, mientras sus asesores comienzan a buscar a la que habrá de tomar el lugar de Vasti. Será escogida de entre las jóvenes vírgenes más hermosas del imperio y deberá

---

* Aunque Asuero y Vasti están ofreciendo fiestas de forma separada, era común entre los persas que hombres y mujeres tuvieran sus fiestas juntos.

† Aunque la Biblia no dice que Vasti estaba bebiendo, es posible suponerlo dado que ella ofrecía su propia fiesta en el momento en que el rey la llama para que se presente en la suya.

‡ El historiador griego Heródoto decía que las decisiones que el rey y sus consejeros tomaban cuando estaban sobrios tenían que revisarse cuando se encontraban ebrios para asegurarse de que todavía estuvieran cuerdos. Al parecer, los persas creían que la intoxicación los acercaba al mundo de los espíritus, lo que a su vez iluminaba su creatividad.

ser una mujer de un carácter impecable y que jamás se atreva a contradecir al rey. La búsqueda se hace por todo el territorio persa. Las jóvenes más bellas son llevadas al harén del rey. Una de ellas es Ester, una joven judía, huérfana, que ha sido criada con todo esmero por su primo Mardoqueo.

Al igual que las otras jóvenes que han sido amontonadas como peces en la red de Asuero, Ester le es confiada al eunuco a cargo del harén. Resulta tan atractiva que pronto se transforma en la favorita del rey. Se le asigna el mejor lugar del harén y se le prodiga una alimentación especial, servidumbre y tratamientos de belleza.

Mientras tanto, Mardoqueo la instruye para que no revele su identidad judía. Nadie debe saberlo, ni siquiera el rey.

Antes de que pueda casarse con el rey, Ester debe completar doce meses de tratamientos de belleza, seis meses con óleo de mirra y seis con perfumes y cosméticos. Durante este tiempo, también debe aprender las reglas del protocolo de palacio para que pueda comportarse como debería hacerlo una esposa del rey. Cuando llegue el momento, la llamarán a los aposentos del rey, donde consumarán su unión y ella se convertirá en una de sus muchas esposas. Una vez convocada, no podrá volver a ver al rey sin una petición expresa de él.

Una noche, después de que el rey ha vuelto finalmente de Grecia, llama a Ester a sus aposentos. El rey está tan enamorado de ella que le pone una corona y la hace reina en lugar de Vasti. Para celebrar su ascenso al trono, ofrece un banquete en su honor y declara un día de fiesta en todas las provincias.

Sin embargo, esta no es la conclusión feliz de su historia. Para eso falta aún que ocurran algunos hechos.

Al poco tiempo, Mardoqueo descubre un complot y se lo hace saber a su prima. Pareciera que dos de los oficiales del rey están planeando asesinarlo. Cuando Ester se lo dice al rey, los dos oficiales son ejecutados sin dilación. Aunque esa oportuna acción de Mardoqueo queda registrada en el libro de las crónicas del reino, muy pronto cae en el olvido.

Por esa época, el rey eleva a un hombre despreciable a una altísima posición dentro del reino. Se trata de un amalecita* de nombre Amán. Su

---

* Los amalecitas eran descendientes de Esaú. Durante el reinado de Saúl en Israel, Dios lo mandó a exterminar a todos los amalecitas y no tomar nada de sus bienes. Saúl le perdonó la vida al rey y se quedó con algo del botín. Su desobediencia le costó el trono (1 Samuel 15).

ascendencia se remonta a los antiguos enemigos del pueblo judío. Aunque todos los funcionarios reales se inclinan ante él, Mardoqueo se niega a hacerlo. Herido en su orgullo, Amán se enfurece por la actitud de Mardoqueo, pero en vez de decidir un castigo solo para él, como podría esperarse de un hombre normal, decide acabar con todos los judíos de Persia.

Amán sabe que un plan tan astuto no debe llevarse a cabo sin consultar primero a los dioses. Así que se echa el *pur*, es decir, la suerte. Al lanzar un pequeño dado de arcilla sobre una superficie lisa donde previamente se han escrito los meses y los días del año, este se detiene en una fecha que a Amán le parece propicia: once meses a partir de ese momento.

Después de haber fijado el día exacto para ejecutar su plan malvado, Amán va directamente al rey con un informe falso sobre los judíos y le dice: «Hay cierto pueblo disperso y diseminado entre los pueblos de todas las provincias del reino, cuyas leyes y costumbres son diferentes de las de todos los demás. ¡No obedecen las leyes del reino, y a Su Majestad no le conviene tolerarlos!».

Acto seguido, le propone una estrategia para su eliminación, endulzando el plan con una tentadora oferta. «Si le parece bien, emita Su Majestad un decreto para aniquilarlos, y yo depositaré en manos de los administradores trescientos treinta mil kilos de plata para el tesoro real».

Como esta cantidad corresponde a más de lo que entra en el tesoro real durante el curso de todo un año, el rey no vacila en aceptar la oferta. Sin duda, Amán está planeando conseguir esa cantidad saqueando las riquezas de sus inminentes víctimas.

Los secretarios reales no pierden el tiempo y redactan un decreto para que el rey lo firme. Así, queda establecido que en el día trece del mes duodécimo, el mes de Adar, tendrá lugar la matanza y la aniquilación de los judíos: jóvenes y viejos, mujeres y niños. Cualquier persona que quiera matarlos y saquear sus bienes durante ese día podrá hacerlo.

Cuando Mardoqueo se entera del decreto del rey, rasga sus vestiduras y se echa a llorar. Él le envía pronto la información a Ester, contándole exactamente lo que Amán está tramando y cuánto dinero le ha prometido al rey. Luego la anima a acudir ante el rey y pedirle misericordia a favor de su gente.

Sin embargo, Ester vacila. A pesar de que ya es reina desde hace cinco años todavía le tiene miedo al temperamento volátil de Asuero. Así que le envía esta respuesta a Mardoqueo: «Todos los servidores del rey y el pueblo de las provincias del reino saben que, para cualquier hombre o mujer que, sin ser invitado por el rey, se acerque a él en el patio interior, hay una sola ley: la pena de muerte. La única excepción es que el rey, extendiendo su cetro de oro, le perdone la vida. En cuanto a mí, hace ya treinta días que el rey no me ha pedido presentarme ante él».

Ella teme que su apelación ante el rey no rinda el efecto esperado. Sin embargo, Mardoqueo insiste: «No te imagines que por estar en la casa del rey serás la única que escape con vida de entre todos los judíos. Si ahora te quedas absolutamente callada, de otra parte vendrán el alivio y la liberación para los judíos, pero tú y la familia de tu padre perecerán. ¡Quién sabe si no has llegado al trono precisamente para un momento como éste!».

Ester responde pidiéndole a Mardoqueo que movilice a todos los judíos en Susa para comenzar un ayuno. «Durante tres días no coman ni beban, ni de día ni de noche», le dice. «Yo, por mi parte, ayunaré con mis doncellas al igual que ustedes. Cuando cumpla con esto, me presentaré ante el rey, por más que vaya en contra de la ley. ¡Y si perezco, que perezca!».

Al tercer día, debilitada por el ayuno y temerosa de lo que su marido pueda hacer, Ester se viste con su ropa real y entra a la presencia del rey. ¿Le presentará él su cetro de oro y la dejará con vida o la echará afuera y la condenará a muerte?

No lo sabe.

Al enfrentarlo, ve que sus ojos resplandecen y una sonrisa rápidamente se extiende por el rostro. ¡El rey está contento de verla! Extendiendo su cetro de oro hacia ella, la invita a que se acerque. «¿Qué te pasa, reina Ester?», le dice. «¿Cuál es tu petición? ¡Aun cuando fuera la mitad del reino, te lo concedería!».

«Si le parece bien a Su Majestad», respondió Ester, «venga hoy al banquete que ofrezco en su honor, y traiga también a Amán».

Así que esa noche, el rey y Amán participan de la cena con la reina. Mientras beben vino y disfrutan el momento, Asuero se vuelve a Ester y le pregunta: «Dime qué deseas, y te lo concederé. ¿Cuál es tu petición? ¡Aun cuando fuera la mitad del reino, te lo concedería!».

Sin embargo, a Ester le parece que aun no es el momento preciso, así que en lugar de pedirle al rey que admita públicamente su error revocando su propio decreto, responde: «Si me he ganado el favor de Su Majestad, y si le agrada cumplir mi deseo y conceder mi petición, venga mañana con Amán al banquete que les voy a ofrecer, y entonces le daré la respuesta».

Entonces el rey y Amán se marchan. Hasta ahora la cabeza de Amán está llena de visiones de grandeza. Incluso la reina lo ha exaltado invitándolo no una, sino dos veces a cenar a solas con ella y el rey. No obstante, sus sueños de gloria se rompen tan pronto como se encuentra con Mardoqueo, ese judío insolente, que una vez más se niega a inclinarse y rendirle honor. Para cuando llega a su casa, Amán está en plena ebullición. Les cuenta a su esposa y amigos exactamente lo que ha sucedido y escucha sus consejos:

«Haz que se coloque una estaca a veinticinco metros de altura, y por la mañana pídele al rey que empale* en ella a Mardoqueo. Así podrás ir contento al banquete con el rey».

«¡Maravilloso!», responde Amán, aplaudiendo de alegría.

Esa noche, mientras Amán está ocupado viendo que la estaca se construya cerca de su casa, el rey da vueltas en su cama, sin poder dormir. Para ocupar su mente en algo, ordena que le traigan el libro de las crónicas, el registro de su reinado, y le lean algo de él. Este es abierto precisamente en la página que narra cómo Mardoqueo le había salvado la vida.

«¿Qué honor o reconocimiento ha recibido Mardoqueo por esto?», pregunta el rey. Cuando se entera de que no había tenido ningún reconocimiento por su lealtad, le pregunta a su asistente si alguno de sus funcionarios está presente en el palacio. Da la casualidad que Amán acaba de pasar por el patio exterior. Ansioso de venganza, ha llegado temprano para que el rey le dé su bendición sobre el plan de ejecutar a Mardoqueo. Sin embargo, antes de pedir lo que ha venido a buscar, el rey le pregunta: «¿Cómo se debe tratar al hombre a quien el rey desea honrar?».

¡Qué sorpresa más grata!, piensa Amán. Seguramente no hay otro en el reino a quien el rey quisiera honrar más que yo. Así que responde: «Para el hombre a quien el rey desea honrar, que se mande traer una vestidura real que el rey haya usado, y un caballo en el que haya montado y que lleve

---

* Aunque algunas traducciones de la Biblia indican que Amán planeaba colgar a Mardoqueo, la práctica persa era empalar a sus víctimas en estacas de madera. Esto sugería que la víctima era primero ejecutada y luego colgada o empalada en una estaca para que todos la vieran. Véase Anthony Thomasino, «Esther», *Zondervan Illustrated Bible Backgrounds on the Old Testament*, ed. John H. Walton (Grand Rapids: Zondervan, 2009), 3:486.

en la cabeza un adorno real. La vestidura y el caballo deberán entregarse a uno de los funcionarios más ilustres del rey, para que vista al hombre a quien el rey desea honrar, y que lo pasee a caballo por las calles de la ciudad, proclamando a su paso: "¡Así se trata al hombre a quien el rey desea honrar!"».

«Ve de inmediato», le dijo el rey a Amán, «toma la vestidura y el caballo, tal como lo has sugerido, y haz eso mismo con Mardoqueo, el judío que está sentado a la puerta del rey. No descuides ningún detalle de todo lo que has recomendado».

Amán, que se ha enorgullecido de llegar a la cima del poder, de repente se siente como si se hubiese sumergido en las más oscuras profundidades. No tiene más remedio que obedecer la orden del rey. Colocando un manto real sobre Mardoqueo, lo conduce a caballo por las calles de la ciudad, proclamando: «¡Así se trata al hombre a quien el rey desea honrar!».

Después de eso, Amán se va a su casa. Cuando su esposa y sus amigos se enteran de la forma en que ha sido humillado, le dicen la verdad: «Si Mardoqueo, ante quien has comenzado a caer, es de origen judío, no podrás contra él. ¡Sin duda acabarás siendo derrotado!». Cuando todavía están hablando, llaman a Amán para asistir al banquete que la reina Ester ha preparado.

Mientras Ester, Asuero y Amán beben vino en copas de oro, cada una diferente de las otras, el rey le pregunta a Ester una vez más qué desea, asegurándole que le concederá su petición sin importar lo que fuere.

«Si me he ganado el favor de Su Majestad, y si le parece bien, mi deseo es que me conceda la vida. Mi petición es que se compadezca de mi pueblo. Porque a mí y a mi pueblo se nos ha vendido para exterminio, muerte y aniquilación. Si sólo se nos hubiera vendido como esclavos, yo me habría quedado callada, pues tal angustia no sería motivo suficiente para inquietar a Su Majestad».

Tan pronto como oye eso, el rey estalla: «¿Y quién es ése que se ha atrevido a concebir semejante barbaridad? ¿Dónde está?».

«¡El adversario y enemigo es este miserable de Amán!», respondió Ester.

Furioso, el rey deja su copa y sale de la habitación. Aunque Amán sabe que es una ofensa capital que un hombre permanezca en el harén real sin la presencia del rey o uno de sus eunucos, se queda para rogarle a la reina Ester por su vida. Cuando el rey regresa a la habitación, lo encuentra en el sofá donde está reclinada la reina.

Explotando de ira, Asuero grita: «¡Y todavía se atreve éste a violar a la reina en mi presencia y en mi casa!».

Después de que Amán es arrestado, uno de los eunucos le dice al rey: «Hay una estaca a veinticinco metros de altura, junto a la casa de Amán. Él mandó colocarla para Mardoqueo, el que intervino en favor del rey».

«¡Empálenlo en ella!», ordena el rey.

De este modo, el malvado, vil y vanidoso Amán cae víctima del castigo que había preparado para Mardoqueo. Su cuerpo, balanceándose en lo alto de la estaca, se convierte en un espectáculo para que todos lo vean.

Ese mismo día el rey le da a la reina las propiedades de Amán, quien acto seguido nombra a Mardoqueo para administrarlas. Sin embargo, este todavía no es el final feliz de la increíble historia de la reina Ester, porque el decreto del rey de aniquilar a los judíos no puede ser revocado.

Cayendo de rodillas y llorando copiosamente, Ester le suplica al rey una vez más, rogándole que ponga fin al malvado complot de Amán. «Si me he ganado el favor de Su Majestad, y si piensa que es correcto hacerlo y está contento conmigo, dígnese dar una contraorden que invalide los decretos para aniquilar a los judíos que están en todas las provincias del reino, los cuales fraguó y escribió Amán... Porque ¿cómo podría yo ver la calamidad que se cierne sobre mi pueblo? ¿Cómo podría ver impasible el exterminio de mi gente?».

Aunque el rey no se retracta del decreto inicial, el cual permite que los judíos sean aniquilados en el día trece del mes duodécimo, el mes de Adar, está dispuesto a emitir otro decreto. Este se redacta con la ayuda de Mardoqueo y le permite al pueblo judío organizar un ejército con el cual destruir, matar y aniquilar a los hombres de cualquier nacionalidad o provincia que los atacaran a ellos, sus mujeres y sus hijos. También les da permiso para saquear los bienes de sus enemigos.

Una vez hecho esto, el rey adorna a Mardoqueo con vestiduras reales de colores azul y blanco, colocándole un manto púrpura de lino fino y una corona de oro en su cabeza. Debido al ascenso de Mardoqueo, la desaparición de Amán y el nuevo decreto que le concede a los judíos poder, en todo el imperio se desarrolla un miedo hacia ellos y muchos se convierten en judíos. Entonces en Susa se organiza una gran fiesta para celebrar.

El día trece del mes duodécimo, en el mes de Adar,* se convierte en un día favorable para todos los judíos de Persia. El mismo día que sus enemigos habían planeado aniquilarlos, los judíos atacan con fuerza letal, acabando con todos aquellos que los odiaban.

Desde ese día, la reina Ester y Mardoqueo son honrados como héroes entre el pueblo de Dios. Todos los años una celebración, llamada Purim† (que significa «suerte»), se lleva a cabo para que cada generación y cada familia sin falta puedan celebrar cómo los judíos fueron liberados. En ese día hay mucha alegría y ríen sin parar cuando recuerdan cómo ese estúpido de Amán resultó derrotado por la buena reina Ester y su primo Mardoqueo, el judío.

LOS TIEMPOS

Su historia tiene lugar desde 483 a 473 a.c.

La historia de Ester se encuentra en el libro de Ester.

Los hechos narrados en el libro de Ester tuvieron lugar luego de que Babilonia conquistara Judá en el 587 a.c. Después de eso, Ciro el Grande, rey de Media y Persia, conquistó Babilonia en el 538 a.c., y el territorio regresó a él. Aunque Ciro emitió un decreto permitiendo que los judíos que habían sido llevados cautivos volvieran a Judá, muchos decidieron quedarse en la tierra donde se habían asentado. Algunos habían ido hacia el este, hasta Susa, la capital de invierno del Imperio persa.

Ester y Mardoqueo eran parte de una comunidad judía que se había mantenido fiel a su herencia religiosa y cultural. Para entonces, el nieto de Ciro, Jerjes (también conocido como Asuero), reinaba como rey.

Aunque Persia era una sociedad patriarcal en la que se esperaba que las esposas obedecieran a sus maridos, las mujeres no eran generalmente

---

* Febrero o marzo del 473 a.c.

† Hasta hoy día, los judíos a través del mundo celebran Purim, una fiesta que implica algún ayuno inicial y en la que se lee el libro de Ester. Usan máscaras y disfraces, recrean la historia, intercambian regalos, hacen donaciones de caridad y disfrutan de una comida de celebración. En las celebraciones desenfrenadas, en las cuales usan cornetas, a veces se incitan a beber hasta que ya no pueden distinguir entre «Bendito sea Mardoqueo» y «Maldito sea Amán».

oprimidas, ya que a menudo trabajaban como gerentes de empresas, llegando incluso a supervisar el trabajo de los hombres.*

Los eunucos (siervos castrados) eran muy apreciados en el antiguo Cercano Oriente. Debido a que no podían tener hijos, se les confiaba la administración de los harenes reales. Podían llegar a ocupar cargos de gran responsabilidad, ya que nadie sospecharía que quisieran recurrir a intrigas para establecer sus propias dinastías. Los monarcas persas los valoraban altamente, y muchas veces recibían a jovencitos agraciados en forma de tributo para convertirlos en eunucos que sirvieran en la corte.†

El término traducido «harén» en Ester 2.3 significa literalmente «casa de las mujeres». Esta contaba con cuartos especiales en los que vivían las esposas del rey y las concubinas. Aunque según la historia de Israel tomar más de una esposa era algo que se practicaba desde muy temprano, en los últimos tiempos solo el rey tenía concubinas. En Persia y las regiones circunvecinas a un hombre se le permitía tener todas las esposas y concubinas que pudiera permitirse. Aunque las concubinas tenían una condición menor que las esposas, se las consideraba como segundas esposas. Aunque algunas concubinas eran mujeres libres de familias nobles, a muchas se las adquiría como cautivas de guerra o esclavas. Elegidas por su belleza, las concubinas a menudo proveían hijos a los matrimonios sin descendencia.‡

Las mujeres como Ester que fueron candidatas para reemplazar a la reina Vasti habrían permanecido en el harén del rey como esposas o concubinas independientemente de que fueran o no las elegidas. Debido a que cumplía su deber como una de sus muchas esposas, Ester no habría cometido fornicación cuando dormía con el rey. Y una vez que fue elevada a la posición de reina, tendría que haberse instalado en sus propias habitaciones, separada de todas las otras mujeres del harén.

★ Véase Thomasino, «Ester», 3:480.

† Ibid., 3:478.

‡ Ibid., 3:484-485.

ALGO PARA PENSAR

1. Los estudiosos han señalado que en la versión hebrea original de la historia de Ester no aparece la palabra Dios; sin embargo, es evidente que la mano de Dios sí está presente. ¿De qué manera se reconoce el quehacer de Dios detrás del escenario en la historia de Ester? ¿Y en su caso, de qué manera podría reconocer usted el trabajo de Dios detrás de escena en su propia vida?

2. Salmos 27.14 nos insta:

   Pon tu esperanza en el SEÑOR;
   ten valor, cobra ánimo;
   ¡pon tu esperanza en el SEÑOR!

3. ¿Qué evidencia hay en la historia de Ester en cuanto a que ella esperó en el Señor? ¿Qué cree que habría pasado si no hubiese esperado en él?

4. ¿Cómo describiría usted sus propias experiencias de esperar en el Señor? ¿De qué manera siente que Dios pudiera estarle invitando a que espere en él en este tiempo de su vida?

5. Cuando se enfrentó a una tarea difícil, Ester ayunó y les pidió a los demás ayunar con ella. ¿Alguna vez ha practicado la disciplina espiritual del ayuno? Si es así, ¿cuál ha sido su experiencia?

6. Durante el Purim, el pueblo judío se recuerda a sí mismo que en cada generación habrá personas que se levanten para tratar de destruirlos, tal como lo hizo Amán. ¿Por qué piensa usted que con tanta frecuencia han sido objetivos de persecución?

CAPÍTULO 17

Una extranjera terrible

LA HISTORIA DE LA MUJER SAMARITANA

Cómo una mujer desorientada llegó a ser la primera evangelista

Pero Dios escogió lo insensato del mundo para avergonzar a los sabios, y escogió lo débil del mundo para avergonzar a los poderosos. También escogió Dios lo más bajo y despreciado, y lo que no es nada, para anular lo que es.
1 Corintios 1.27–28

Quinientos años es mucho tiempo para alimentar un rencor. Sin embargo, la amargura ha sido avivada y alimentada desde ambos lados. Como a un rabino le gustaba decir: «Comer alimentos samaritanos es como comer carne de cerdo».* Una abominación. Algo inmundo. Sucio. Los judíos ven a los samaritanos, que son una mezcla de judíos y gentiles, como apóstatas y adoradores de ídolos. Los samaritanos son felices de devolverles el favor.

Descendiendo por el camino polvoriento hacia el pozo de Jacob va una de esas mestizas, una mujer que está familiarizada con los aires de superioridad. Más de una vez ha sentido el aguijón de insultos del tipo «yo soy mejor que tú», a menudo de parte de los vecinos, otras veces de los judíos. Con los años, su corazón se ha endurecido a fin de protegerse de todas las burlas y miradas de reojo. Aun así, una roca de dolor —no, más bien un bloque de hielo— se las ha arreglado para habitar dentro de su corazón. Ha estado allí tanto tiempo que casi lo ha olvidado. Sin embargo, hay una cosa que no olvida. No importa la ofensa, siempre hay maneras de tomar represalias.

Cuando era una niña, le encantaban las historias en las que aparecían los judíos sufriendo, como aquella sobre un grupo de samaritanos que una noche había sembrado de huesos humanos el piso del templo de Jerusalén. La oportunidad había sido perfecta. Profanar el lugar sagrado de los judíos en la víspera de la Pascua les había impedido a esos judíos tan importantes y poderosos celebrar ese año su tan apreciada fiesta.

Hasta donde se sabe, esta enemistad, este odio mutuo entre samaritanos y judíos, siempre ha existido y siempre existirá. Sin embargo, una vez que el Mesías venga, todo el mundo sabrá que son los samaritanos y no los judíos los verdaderos descendientes de Israel, y que el monte Gerizín es el único y verdadero lugar de adoración. Después de todo, fue en esta montaña sagrada que las bendiciones de Dios se proclamaron cuando las tribus de Israel entraron a Canaán.

---

* He parafraseado una cita, atribuida al rabino Eliezer (c 90-130 A.D.), que dice: «El que come el pan de los samaritanos es como el que come la carne de porcino» (*m. Seb.* 8:10). Incluso aunque no es un contemporáneo de la mujer en el pozo, su actitud refleja la de muchos de los judíos durante la escena narrada en el Evangelio de Juan.

Junto al pozo de su antepasado Jacob, que se encuentra bajo la sombra de la montaña sagrada, descubre a un extraño sentado en la gruesa piedra que cubre el más profundo de los pozos. Usa un *tefilín*, que consiste en pequeñas cajas de cuero unidas a su frente y su muñeca, las cuales contienen pasajes de las Escrituras de acuerdo con las instrucciones de Moisés con respecto a los mandamientos de Dios: «Átalas a tus manos como un signo; llévalas en tu frente como una marca». Le basta una mirada para darse cuenta de que es judío. Las gotas de sudor brillan en sus cejas. Es la hora más calurosa del día.

¿Por qué estará solo?, se pregunta. Debe estar viajando al norte, a Galilea, tomando el atajo que corre por lo alto de la colina pasando por el pozo de Jacob. Ella sabe que muchos judíos piadosos evitan pasar por Samaria, afirmando que incluso una pequeña gota de saliva o un sorbo de una taza samaritana bastan para contaminarlos. Sin embargo, este hombre no parece ni preocupado ni apresurado, solo cansado. Y no es de extrañar, pues se requiere de un viaje de seis horas para ir de Jerusalén hasta el monte Gerizín. No obstante, ella está intrigada. ¿Qué tipo de viajero es este que no lleva ni siquiera un balde hecho de piel, del tipo que se puede desenrollar y sumergir en el pozo con una cuerda?* Lo que ella no sabe es que sus amigos se lo han llevado a la ciudad para traer provisiones.

«Dame un poco de agua», le pide el desconocido, quien la sobresalta al romper el silencio y le sonríe, como si quisiera darle a entender que él sabe perfectamente que está cruzando límites prohibidos.

«¿Por qué me pides a mí, una mujer, que te dé de beber?», le dice ella con un tono de reprensión. «¿Y por qué un judío habla con una samaritana?». A pesar de llamarle la atención por su falta de modales, la mujer sonríe, como si quisiera prolongar la conversación.

Ella sabe que cualquier hombre decente se retiraría rápidamente a la vista de una mujer solitaria. Sin embargo, este hombre se queda justo donde está, y la observa con una mirada escrutadora, como si tuviera alguna urgencia. Ella se pregunta qué será lo que quiere.

---

* Aunque muchas traducciones representan a la mujer llevando un cántaro, Kenneth Bailey sugiere que probablemente lo que llevaba era un balde hecho de piel con palillos cruzados en la parte superior para mantener la boca del mismo abierta al bajarlo al pozo. Kenneth E. Bailey, *Jesus through Middle Eastern Eyes* (Downers Grove, IL: InterVarsity Press, 2008), p. 202.

Él luce varios años más joven que ella. ¿Pero eso qué importa? Quizás esta sea la aventura que ella anda buscando. Él habla de nuevo, esta vez lentamente, con palabras suaves, cautivadoras. «Si supieras lo que Dios puede dar, y conocieras al que te está pidiendo agua, tú le habrías pedido a él, y él te habría dado agua que da vida».

«Señor, ni siquiera tienes con qué sacar agua, y el pozo es muy hondo; ¿de dónde, pues, vas a sacar esa agua que da vida? ¿Acaso eres tú superior a nuestro padre Jacob, que nos dejó este pozo, del cual bebieron él, sus hijos y su ganado?», le responde ella.

Sin inmutarse, él insiste: «Todo el que beba de esta agua volverá a tener sed, pero el que beba del agua que yo le daré, no volverá a tener sed jamás, sino que dentro de él esa agua se convertirá en un manantial del que brotará vida eterna».

¿Qué clase de agua puede brotar desde adentro de una persona? «Dame de esa agua», le dice ella, «para que no vuelva a tener sed ni siga viniendo aquí a sacarla bajo este calor insoportable».

No se puede negar que hace calor. Ella ha venido sola y al mediodía. Las mujeres por lo general vienen al pozo en grupos. Y lo hacen cuando el día es más fresco, acarreando agua en la mañana temprano o un poco antes de la puesta del sol. Sin embargo, esta mujer vino sola y en el momento más inhóspito del día. ¿Qué otra cosa podría significar que el hecho de que no es más que una marginada? ¿Que nadie en el pueblo quiere tener nada que ver con ella? Es por eso que desafía sola el calor día tras día. No obstante, ahora no está sola.

«Ve a llamar a tu esposo, y vuelve acá», le pide el hombre.

Sus palabras la sorprenden. Parecen cortar en rebanadas un trozo de pan. ¿Por qué habrá dicho eso?

No sabiendo cómo darle otro giro a la conversación, dice la verdad: «No tengo esposo».

Él la presiona. «Bien has dicho que no tienes esposo. Es cierto que has tenido cinco, y el que ahora tienes no es tu esposo. En esto has dicho la verdad».

Ahora, sus palabras son como flechas que van directamente a clavarse en su corazón, perforando el hielo que se aloja en su interior.

En un intento de protegerse, intenta una estratagema con la esperanza de iniciar una discusión. Ella es buena en eso.

Cruza sus brazos y levanta la barbilla. «Me doy cuenta de que tú eres profeta. Nuestros antepasados adoraron en este monte, pero ustedes los judíos dicen que el lugar donde debemos adorar está en Jerusalén». La mujer espera una réplica airada que no duda que va a venir.

Sin embargo, él no va a pelear con ella. «Créeme», le dice con toda calma, «que se acerca la hora en que ni en este monte ni en Jerusalén adorarán ustedes al Padre. Ahora ustedes adoran lo que no conocen; nosotros adoramos lo que conocemos, porque la salvación proviene de los judíos. Pero se acerca la hora, y ha llegado ya, en que los verdaderos adoradores rendirán culto al Padre en espíritu y en verdad, porque así quiere el Padre que sean los que le adoren. Dios es espíritu, y quienes lo adoran deben hacerlo en espíritu y en verdad».

¿Judío hasta la médula y no va a defender la preeminencia de Jerusalén? ¿Quién es este hombre que piensa que no tiene importancia hablar con los samaritanos, que le pide ayuda a una mujer, que la involucra en una conversación teológica, y que además lee su corazón? Ni los samaritanos pueden hacer eso.

Este extranjero parece saber todo sobre ella, y no obstante la mira con mucho amor, como queriéndole decir que lo que realmente importa es su futuro y no su pasado.

Ella siente que algo muy suyo la ha abandonado, como si un gran peso se le hubiera quitado de encima. En el rostro del hombre no se ve condenación ni rechazo. Solo una invitación.

«Sé que viene el Mesías», se atreve a decir ella. «Y cuando él venga, nos explicará todas las cosas».

Y entonces se produce el batacazo: «Ése soy yo, el que habla contigo».

El hielo que había congelado su corazón y aprisionado su alma durante tanto tiempo comienza a agrietarse y derretirse, y una sensación de paz invade su alma. No puede contener la alegría que se dibuja en su rostro.

¿Será esta el agua viva de la que habla?

Antes de que tenga tiempo de responder, ve que un grupo de hombres se acerca. «Rabí», lo saludan, «encontramos abundante comida en la ciudad. Higos y dátiles y pan y...». Sus palabras se empiezan a desvanecer a medida que se acercan. Con solo mirarles las caras, ella puede decir que encontrar a su maestro* hablando con una mujer, y aun más con una mujer como ella, los deja asombrados.

En lugar de enfrentarlos, se vuelve para dirigirse a la ciudad. Sin embargo, esta vez no es la vergüenza lo que apresura sus pies, sino la emoción, una oleada de asombro y deleite. No puede esperar para contarles a todos acerca de su encuentro con ese hombre extraordinario que afirma ser el Mesías.

«Vengan a ver a un hombre que me ha dicho todo lo que he hecho. ¿No será este el Mesías?», les va diciendo a todos.

Las mujeres dejan sus quehaceres y los hombres sus herramientas. Se reúne una multitud. ¿Qué le ocurre a esa casquivana? ¿Por qué se emociona tanto hablando de un hombre que sabe todo lo malo que ha hecho? «Esto tenemos que verlo», dicen. Y salen tras ella.

Mientras tanto, los discípulos de Jesús tratan de que coma algo. Seguramente debe tener hambre después de un viaje tan largo.

Sin embargo, él se niega, indicando que no tiene hambre. «Yo tengo un alimento que ustedes no conocen».

«¿Qué? ¿Cómo pudo haber encontrado comida?», se preguntan. «¿Le habrán traído algo de comer?».

«Mi alimento», les dice Jesús a sus discípulos, «es hacer la voluntad del que me envió y terminar su obra».

Consciente del cambio que se está produciendo en el corazón de la mujer, y sabiendo que muchos otros lo encontrarán por el testimonio de ella, continúa: «¿No dicen ustedes: "Todavía faltan cuatro meses para la cosecha"? Yo les digo: ¡Abran los ojos y miren los campos sembrados! Ya la cosecha está madura».

Mientras él está hablando, la mujer regresa, trayendo a una multitud detrás de ella. Allí, al pie de su montaña sagrada, un grupo de samaritanos son bendecidos por las palabras de un rabino judío. Uno por uno, le dan la bienvenida en sus corazones. Están tan asombrados que insisten para que Jesús y sus discípulos se queden con ellos, lo que hacen por dos días.

Quinientos años de hostilidad comienzan a desmoronarse por la conversación que Jesús tiene con la mujer junto al pozo. No ha

---

* Generalmente, los rabinos no hablaban con las mujeres en público, incluyendo a sus esposas.

importado que los judíos hayan destruido el templo samaritano en el monte Gerizín cien años antes, o que su pueblo y el suyo hayan sido siempre enemigos.

Los samaritanos se maravillan ante el amor y el poder que emana de él y las palabras de esperanza que les trae. «Porque tanto amó Dios al mundo», les dice, «que dio a su Hijo unigénito, para que todo el que cree en él no se pierda, sino que tenga vida eterna. Dios no envió a su Hijo al mundo para condenar al mundo, sino para salvarlo por medio de él. El que cree en él no es condenado, pero el que no cree ya está condenado por no haber creído en el nombre del Hijo unigénito de Dios».

Así como siempre se les había dicho que lo haría, el Mesías ha llegado a la sombra de su montaña sagrada. Les está enseñando el camino de la salvación y restaurando su dignidad de hombres y mujeres que han sido especialmente elegidos por Dios. Muchos creen, entre ellos la mujer que había ido al pozo sola.

Habiendo vivido aislada de los demás y rechazada por sus vecinos, ya no es más una paria. Ahora tiene una nueva vida y nuevos amigos, muchos de ellos hermanos y hermanas que también creen.

Están maravillados de lo que puede ocurrir en un solo día. Ella había ido al pozo sintiéndose abandonada y sola. No obstante, Dios no la había abandonado. Ni tampoco la había condenado. Por el contrario, había visto el dolor de su corazón y la había elegido a ella, una mujer que otros rechazaron, para que fuera la primera en predicar las buenas noticias. No es de extrañar que, en su prisa por contar la historia, se haya olvidado de llevarse su balde con agua.*

LOS TIEMPOS

Su historia se desarrolla aproximadamente entre los años 26 y 30 A.D.

La historia de la mujer samaritana se encuentra en Juan 4.1-42.

Imagínese una cultura sumida en el resentimiento, que mantiene un cuidadoso registro de los insultos sufridos a manos de su vecino más cercano durante cientos de años. Eso es lo que Samaria era en la primera parte

---

* Estoy en deuda con Kenneth E. Bailey por sus aportes en esta historia, los cuales aparecen en su libro *Jesus through Middle Eastern Eyes*, pp. 200-216.

del primer siglo. Tal vez no resultaba tan diferente a otras regiones del país u otro tipo de lugares en nuestro mundo de hoy.

No del todo gentiles y no del todo judíos, los samaritanos eran descendientes de gentiles e israelitas, los últimos de los cuales se quedaron cuando muchos de sus compatriotas fueron llevados al cautiverio en el 722 A.C., después que el reino del norte de Israel cayó bajo el dominio de Asiria.

Varios cientos de años más tarde, en un fallido intento por mejorar las relaciones entre judíos y samaritanos, Herodes el Grande se casó con una samaritana de nombre Maltace, que se convirtió en la madre de Herodes Antipas (el Herodes que decapitó a Juan el Bautista y entregó a Jesús a Pilato) y de Herodes Arquelao (el Herodes que gobernó Samaria, Judea e Idumea del 4 A.C. al 6 A.D.).

Mientras que los judíos consideraban a los samaritanos impuros, los samaritanos les devolvían el cumplido llamando a los judíos apóstatas. Los samaritanos aceptaban solo el Pentateuco (los cinco primeros libros de la Biblia) en contraste con la totalidad de las Escrituras hebreas, que abarcaban los libros históricos y la literatura sapiencial de la Biblia. En lugar de en el templo de Jerusalén, ellos consideraban que el monte Gerizín era el verdadero lugar donde Dios debía ser adorado.

Construido alrededor del año 388 A.C., su templo en la cima del monte Gerizín soportó durante más de doscientos cincuenta años hasta que fue destruido por los judíos en el 128 A.C. Es en medio de tan hostil ambiente religioso que se desarrolla la historia de la mujer samaritana. Sorprendentemente, Jesús ignoró los factores culturales de la época no solo al hablar con una mujer, sino al hacerlo con una odiada mujer samaritana de una moral cuestionable.

Jesús no solo ignora las barreras de la religión, la raza y el género, sino que elige esta opción para revelarse por primera vez como el Mesías. Es posible que Pablo haya tenido esta historia en mente cuando le escribió a la iglesia en Galacia, recordándoles que «ya no hay judío ni griego, esclavo ni libre, hombre ni mujer, sino que todos ustedes son uno solo en Cristo Jesús» (Gálatas 3.28).

ALGO PARA PENSAR

1. ¿Qué nos enseña el encuentro de Jesús con la mujer samaritana sobre la forma de acercarse a un extranjero cuyos valores y cultura pueden ser diferentes a los nuestros?

2. Esta historia habla de agua y cosecha, de comida y bebida. Al comienzo de la historia, Jesús está hambriento y sediento. Al final, da la impresión de estar satisfecho. De igual manera, la mujer ha ido al pozo porque necesita agua. Sin embargo, regresa a la aldea sin su balde. ¿Qué nos dicen acerca de Jesús estos temas entretejidos del hambre, la sed y la cosecha?

3. Algunos comentaristas sugieren que la mujer en el pozo no puede haber sido tan inmoral como varios la han descrito.* Que quizás no fue ella la que se divorció de sus maridos, sino que fueron estos los que se divorciaron de ella. Que quizás algunos de sus maridos habían muerto. En tales circunstancias no sería sorprendente que se haya visto reducida a llevar una vida de pobreza, forzada a vivir con un hombre con el que no estaba casada simplemente como una forma de subsistir. Sin importar cuál sea su opinión sobre esta historia, parece que ella era tanto pobre como marginada. No obstante, Jesús la tomó muy en serio, involucrándose en una conversación teológica con ella para luego revelarle su identidad como Mesías. Jesús se acerca a ella con amor y compasión, tratándola con dignidad. ¿Cómo se ha acercado Jesús a usted en medio de sus propias dificultades?

4. Una cosa es sufrir privaciones no provocadas por usted y otra es sufrir las consecuencias de sus propias decisiones pecaminosas. ¿Cómo ha experimentado el amor de Dios a pesar de sus luchas con el pecado y sus imperfecciones?

---

* Véase, por ejemplo, John Ortberg, *Who Is This Man? The Unpredictable Impact of the Inescapable Jesus* (Grand Rapids: Zondervan, 2013), pp. 46-58.

5. Dedique unos minutos a orar luego de leer la historia imaginándose a usted mismo como la mujer zjunto al pozo. Mientras Jesús le habla, ¿qué piensa? ¿Cómo le respondería?

CAPÍTULO 18

Una fiesta de cumpleaños terrible

LA HISTORIA DE HERODÍAS Y SALOMÉ

Cómo una madre y su hija malas se confabulan
para cometer un sangriento asesinato

*Vi también a los muertos, grandes y pequeños, de pie delante
del trono. Se abrieron unos libros, y luego otro, que es el libro
de la vida. Los muertos fueron juzgados según lo que habían
hecho, conforme a lo que estaba escrito en los libros.*
Apocalipsis 20.12

Ella puede ver pequeñas gotas de sudor perlando su frente bajo la luz de la luna que fluye a través de la ventana. Lo observa agitarse y contraerse, perturbado por alguna visión nocturna. A pesar de que está preparada para lo que venga, brinca cuando un grito rompe el silencio. Y él también salta, ahora despierto por completo. Herodes Antipas se sienta en la cama, recordando el terror que acaba de experimentar.

«¡Era Juan!», exclama. «Algo muy real. Vi el tajo en el cuello, la sangre corriéndole por la barba y apelmazándose en ella. Se apareció de repente. En la oscuridad. Y vino directamente hacia mí. Aunque tenía la boca cerrada, le oí decir: "¡Tú, víbora! ¡El hacha se encuentra al pie de los árboles, y los árboles que no dan fruto serán cortados y echados en el fuego!". Siguió diciéndolo, una y otra vez, y no dejaba de llamarme víbora. Agarré un garrote para descargarlo sobre él, pero no se movió ni dejó de mirarme.

»Entonces los vi, a un lado, una multitud de personas gritando y en tormento. Se quemaban, pero no se consumían, y entre ellas distinguí mi rostro mirándome fijamente».

Las lágrimas corren por su rostro. Su cuerpo tiembla. Así ha estado desde la noche de su fiesta de cumpleaños.

Herodías todavía puede oler el aroma de los platos de carne, colmados de asados de oveja, cordero, codornices y ternera. Observa a la servidumbre entrando y saliendo en medio de una multitud ruidosa, cargando bandejas con uvas, higos y dátiles, así como platos de comida fina preparada con carne de gacela y lenguas de aves. Hay almendras, olivas, granadas y deliciosos postres. Los altos funcionarios y militares se han reunido para desearle a Herodes lo mejor. Llevando guirnaldas en sus cabezas, los principales de Galilea brindan con interminables copas de vino importado de Italia y Chipre. Pavimentado con hermosos mosaicos y adornado con grandes tapices multicolores, el palacio está lleno de músicos, danzarines y narradores cuyo único fin es divertir y proporcionar placer.

La ocasión es el cumpleaños de Herodes. La ubicación es Maqueronte, una fortaleza palaciega hecha de piedra que se alza justo al este del Mar Muerto. Encaramada en lo alto de una montaña, está rodeada en tres de sus lados por profundos riscos y goza de una vista imponente hacia la frontera oriental. Desde esas alturas se pueden apreciar claramente las ciudades de Jerusalén y Jericó. Como todas las fortalezas, esta tiene su sección de mazmorras. Dentro de una de ellas, un hombre está atado con cadenas a una de las paredes de piedra. Es el prisionero de Herodes, un profeta llamado Juan.

Indómito, despreocupado en el vestir, solo se cubre con una piel de camello sujeta a la cintura por un cinto de cuero. Juan el Bautista fascina y repele a Herodes, quien lo saca de vez en cuando para escuchar su predicación. Herodes lo encuentra tan convincente que a menudo se pregunta qué ocurriría si lo siguiera hasta el río Jordán para que lo bautizara. Sin embargo, tal cosa no puede ser, ya que Juan lo ha condenado públicamente, acusándolo de cometer incesto por haberse casado con Herodías, que es a la vez su sobrina y esposa de su medio hermano.*

Aun así, una brizna de su conciencia le dice que sería un crimen matar a un hombre tan bueno. Además, quitarle la vida a un profeta como Juan podría dar origen a una insurrección, de modo que en lugar de ejecutarlo como le habría gustado, lo deja languidecer en prisión por más de un año.

No obstante, Herodías no ve las cosas de la misma manera. Ella desprecia a Juan por haber condenado su divorcio y sus segundas nupcias, y por hacerlo tan públicamente. ¿Cómo se ha atrevido a amenazarla de esa manera, arrastrando su nombre por el suelo como si fuera Dios? Cada vez que habla de él, Antipas capta un destello de malicia en sus ojos que le recuerda a su padre, de quien no tiene tan gratas memorias.

Herodes el Grande era un hombre de grandes ambiciones y habilidades, pero al mismo tiempo era un tremendo paranoico. Además de asesinar a varios de sus hijos, les dio muerte a todos los bebés varones de Belén simplemente por el mensaje de una estrella acerca de un niño destinado a ser rey. En cierta ocasión César Augusto bromeó diciendo que él hubiera preferido ser el cerdo de Herodes (*hus*) que uno de sus hijos (*huis*), porque como un judío nominal, Herodes al menos habría tenido algunos escrúpulos sobre el sacrificio de un cerdo, aunque no tuvo ninguno sobre la ejecución de varios miembros de su propia familia.

---

* Los judíos habrían considerado incestuoso el matrimonio de Herodes con su sobrina, quien a su vez era la esposa de su medio hermano (véase Levítico 18.16 y 20.21).

Herodías es la nieta de Herodes el Grande y, por lo tanto, sobrina de su marido. Viviendo a la sombra de su abuelo, el monstruo paranoico, ella es consciente de que su propio padre, la abuela y varios de sus tíos se contaban entre sus muchas víctimas. Con diez esposas, con las que había tenido un montón de hijos, había gente que le temía. Sin embargo, Herodías no era una de estas personas. Ella se contaba entre sus nietos favoritos. Para demostrarle su cariño, arregló su matrimonio con uno de sus hijos supervivientes, su tío Herodes Felipe.

No obstante, Felipe no tenía ni tierras ni corona, y si algo ambicionaba Herodías era precisamente una corona de brillantes. Mientras pensaba en cómo llegar a tener una, Antipas, el medio hermano de Felipe, vino a visitarlos de Roma. Se quedó con ellos por muchos días, y quedó tan prendado de Herodías que le rogó que dejara a Felipe y se casara con él. Herodías era una descarada, pero muy inteligente, y no abandonaría a su marido a menos que Antipas le prometiera divorciarse de su esposa, una princesa nabatea, hija del rey Aretas IV.

Entonces Herodes Antipas rompió su alianza con Aretas al divorciarse de su esposa, y Herodías abandonó a su tío marido para unirse a otro.

Aunque lo ama, Herodías piensa que Herodes Antipas es decepcionante. No es más que un tetrarca que gobierna Galilea y Perea, la tierra más allá del Jordán, y que sigue sin haber podido conseguirle la corona. El territorio bajo la jurisdicción de Antipas es la región en la que Juan y su primo Jesús se hallan con mayor frecuencia. Allí predican, enseñan, hacen prodigios y milagros y causan disturbios.

Al igual que todos los Herodes, Herodías es una intrigante. Su primera intriga, utilizar a Herodes Antipas como un trampolín para alcanzar el poder, había sido impugnada de forma explícita por Juan, cuya franqueza rápidamente encendió su ira. Así fue como decidió que había que silenciarlo, si no de una vez y para siempre, paulatinamente, mediante pasos calculados. De modo que comenzó insistiendo ante Herodes para que lo encarcelara. Una vez que Juan fue arrojado a la cárcel, esperó el momento oportuno para acabar con él.

Las presiones a Herodes no rindieron el fruto por ella esperado. ¿Cómo es posible, se preguntaba, que siendo solo una mujer sea el doble de hombre que su marido?

Entonces llega el día de la celebración del cumpleaños de Herodes, la ocasión perfecta para completar su plan. Se vale de Salomé, la hija que había tenido con su primer marido, Herodes Felipe. La viste con un traje plateado brillante y la instruye para que lleve a cabo su baile más seductor. Contando con la actuación de Salomé, ha calculado cuidadosamente el momento para crear el clímax perfecto en la bulliciosa fiesta de cumpleaños de su marido. Y no queda decepcionada.

Con una sonrisa sensual, Salomé gira y da vueltas, extendiendo sus brazos en un círculo amplio mientras se desliza por el piso, invitando a todos los hombres a imaginar lo que sería convertirse en su compañía íntima. Por último, cuando ha agotado todas sus sorpresas seductoras, viene a descansar como una delicada flor a los pies de Herodes.

«¡Bravo!», exclama este. Todos sus invitados se levantan para aplaudirla.

«¡Pídeme lo que quieras y te lo daré, hasta la mitad de mi reino!», le dice él, emocionado.

Salomé se excusa por un momento y se dirige a donde está su madre. «Pídele», le susurra esta, «la cabeza de Juan el Bautista».

Ella vuelve a Herodes y le dice: «Quiero que ahora mismo me des en una bandeja la cabeza de Juan el Bautista».

La solicitud consterna a Herodes. Nunca se imaginó que le pediría eso. El clima político imperante no era propicio para la ejecución de un hombre como Juan. Además de que constituía una violación de la ley llevar a cabo una ejecución sin antes celebrar un juicio. Sin embargo, había hecho un juramento público y no se expondría a la vergüenza rescindiéndolo en presencia de tantos hombres poderosos. De modo que ordena de inmediato la ejecución de su prisionero.

En pocos minutos, mientras los invitados siguen comentando la extraordinaria danza de Salomé y su extraña petición, el verdugo ingresa en el salón. Trae en sus manos una bandeja en la que descansa la cabeza de Juan. Se la presenta a Salomé, y esta a su madre, quien la acepta sin disimular su alegría.

Al enterarse de la muerte de Juan, sus discípulos vienen y se llevan su cuerpo para darle sepultura.

Cuando le avisan a Jesús acerca de la muerte de su primo, él se retira de la siempre presente multitud para estar a solas y orar. Lamentando la muerte de Juan, el mejor hombre que haya conocido, se le hace claro el propio futuro que le espera.

A medida que la fama de Jesús se extiende, el pueblo empieza a decir que él es Juan el Bautista que ha resucitado de entre los muertos. Hasta Herodes está obsesionado por la posibilidad, al punto de que se le ha oído decir: «Juan, el hombre a quien decapité, ha resucitado de entre los muertos».

Herodías no cree lo que para ella no es más que una tontería. Su obsesión es convertirse algún día en reina. No obstante, todavía hay más horror por venir. A su debido tiempo, acompañará a Herodes a Jerusalén para la fiesta de la Pascua. Estará presente el día en que Jesús, al que llaman el Cristo, aparecerá ante él acusado de muchos crímenes.*

Más tarde, después de que Juan y Jesús habían sido ejecutados, uno por orden de Herodes y el otro de Poncio Pilato, ahora amigo íntimo de Herodes, Herodías verá a los ejércitos de su marido huir del rey Aretas, quien está decidido a vengarse del hombre que años antes se había divorciado de su hija para casarse con otra.

Herodes Antipas resulta tan completamente derrotado que muchos piensan que su humillación es el castigo divino por la decapitación de Juan. En medio de toda esta situación, Herodías sigue con sus proyectos de grandeza, esta vez presionando a Herodes Antipas para que vaya a Roma a solicitarle al emperador Calígula que le conceda una corona real. Sin embargo, su hermano Agripa es un astuto mentiroso que envía adelante a un mensajero acusando a Herodes de sedición. Despojándolo de todas sus tierras y bienes, Calígula destierra a Herodes y Herodías a Galia, donde Herodes pronto perece.

Aunque Herodías sobrevive, su historia se desvanece. No sabemos lo que fue de ella. Si su encallecido corazón la llevó aun a más intrigas o si fue suavizado por la pérdida de todo lo que siempre quiso, nunca lo sabremos. Lo que sí sabemos es que fue culpable de al menos un gran acto de maldad, decidiendo el asesinato del hombre que mediante su poderosa predicación convenció los corazones de mucha gente rebelde para que se volvieran al Dios que los ama.

---

* Aunque los Evangelios no lo dicen, es razonable suponer que en esa ocasión Herodías viajó a Jerusalén acompañando a su marido.

LOS TIEMPOS

Su historia tiene lugar entre el 27 y el 29 A.D.

La historia de Herodías y Salomé se encuentra en Mateo 14.3–12; Marcos 6.14–29;
Lucas 3.19–20; 9.7–9.

El abuelo de Herodías, Herodes el Grande, se convirtió en gobernador militar de Galilea en el 47 A.C., cuando tenía solo veinticinco años de edad. Siete años más tarde, el senado romano lo nombró rey de Judea. Convertido ya en rey, se embarcó en proyectos masivos de construcción, incluyendo la ampliación del templo en Jerusalén y la construcción de la ciudad puerto de Cesarea.

Alertado por los sabios procedentes de Oriente sobre un niño de Belén que estaba destinado a convertirse en el rey de los judíos, les dio muerte a todos los niños varones menores de dos años con el fin de prevenir la aparición de un competidor. Gobernó hasta el 4 A.C., cuando según el historiador judío Josefo murió de una muerte atroz, con el cuerpo lleno de gusanos. Antes de su muerte, Herodes, que era medio judío, ordenó que condujeran a los judíos líderes del área a un estadio en Jericó donde se les hizo prisioneros. Sabiendo que su propia gente lo odiaba, dio órdenes para que sus soldados ejecutaran a los líderes en el momento de su muerte, de modo que hubiera un luto universal cuando él falleciera. Afortunadamente, su orden nunca se llevó a cabo.

Después de su muerte, el territorio de Herodes el Grande fue dividido entre tres de sus hijos: Arquelao, Felipe,* y su hijo menor, Antipas. Arquelao demostró ser un líder cruel e incompetente. El emperador romano Calígula lo desterró y Judea se convirtió en una provincia romana, la cual luego fue regida por una serie de prefectos, el más conocido de los cuales es Poncio Pilato.

A partir de la evidencia presentada en los Evangelios, parece que Herodes se sintió fascinado tanto por Juan el Bautista como por Jesús. Debido a que sus propiedades eran administradas por un hombre llamado Cuza, cuya esposa, Juana, era una discípula de Jesús, es posible que ambos les hablaran a Herodes y Herodías acerca de Jesús.

Un grupo de fariseos le advirtió a Jesús que Herodes quería matarlo. Jesús respondió diciendo: «Vayan y díganle a ese zorro: "Mira, hoy y mañana

---

* No Herodes Felipe, el primer marido de Herodías, sino Felipe el tetrarca, quien después se casaría con Salomé, la hija de Herodías.

seguiré expulsando demonios y sanando a la gente, y al tercer día terminaré lo que debo hacer". Tengo que seguir adelante hoy, mañana y pasado mañana, porque no puede ser que muera un profeta fuera de Jerusalén».

Herodes tenía la esperanza de ver a Jesús cara a cara para poder presenciar sus milagros de primera mano. Los dos finalmente se conocieron cuando Pilato se enteró de que Herodes se encontraba en Jerusalén para la Pascua. En su condición de galileo, Jesús estaba bajo la jurisdicción de Herodes. Cuando Herodes ridiculizó a Jesús y se burló de él, mandándoselo luego a Pilato al no poder encontrar ninguna razón para acusarlo, los dos antiguos enemigos se hicieron amigos (Lucas 23.6-12).

A lo largo de su reinado, Herodes Antipas fue vilipendiado por sus súbditos judíos. Debido al hecho de ser un idumeo, cuya familia desciende de Esaú en lugar de Jacob, y un samaritano por el lado de su madre, la gente a la que gobernó nunca confió en él.

ALGO PARA PENSAR

1. Es posible que tanto Herodes como Herodías hayan escuchado a Juan predicar sobre el arrepentimiento, e incluso hayan hablado con él acerca de Jesús. ¿Cuál ha sido su propia experiencia en cuanto a la conexión entre el arrepentimiento y la nueva vida?

2. ¿Qué pudo haber impedido que Herodías se volviera a Dios, alejándose de su vida de pecado? ¿Qué le impide a usted hacer lo mismo?

3. ¿Por qué a menudo el poder es una fuerza corruptora incluso entre la gente buena? ¿Cómo ha manejado usted el poder en su propia vida, ya sea en una escala grande o pequeña?

4. ¿Alguna vez le ha llamado Dios a decirles verdades incómodas a las personas de influencia? ¿Cómo respondió usted? ¿Cómo respondieron ellos?

5. ¿Cómo reacciona cuando alguien lo critica?

CAPÍTULO 19

Unas lágrimas terribles

LA HISTORIA DE LA MUJER QUE LAVÓ LOS PIES DE JESÚS

Cómo una prostituta se soltó el cabello en público, escandalizando a todo el mundo menos a Jesús

Dichosos ustedes cuando los odien, cuando los discriminen, los insulten y los desprestigien por causa del Hijo del hombre.
Lucas 6.22

$\mathcal{S}$entada en el suelo, forma grupo con otros, en su mayoría mendigos. A diferencia de las túnicas de color sin brillo que ayudan a estos a camuflarse junto a la pared donde se apoyan, la capa tejida de ella, de un fuerte color rojo, no pasa para nadie desapercibida. Su frondosa cabellera, recogida en la parte alta de la cabeza, está cubierta con un pañuelo color oro que a su vez revela un bien delineado rostro. Sus ojos de un café intenso hacen juego con el color de su tez y unos labios rojos que parecen a punto de sonreír.

No obstante, Simón pasa junto a ella sin siquiera dirigirle una mirada de reojo. Esta noche, él le ha abierto las puertas de su casa a todo el mundo, incluso a mujeres como ella. Cualquier persona que quiera cenar puede hacerlo siempre que esté de acuerdo en esperar hasta que los invitados de honor hayan terminado de comer. Es la costumbre, una forma de buscar la bendición de Dios y manifestarles generosidad a los menos afortunados. Así que ellos esperan en silencio, cortésmente, ordenándoles a sus estómagos que se estén quietos para no perturbar el banquete que está por comenzar.

Ella se siente cómoda entre ellos, aunque no es la fiesta que se había imaginado. En su regazo sostiene un frasco de alabastro que contiene un perfume carísimo. Es evidente que está esperando a alguien.

Simón, entretanto, inspecciona la habitación. Su mirada no se detiene en aquella gentuza apoyada contra la pared, sino en varios sofás dispuestos en forma de U que proporcionarán un lugar cómodo para que sus huéspedes se puedan reclinar y disfrutar de una comida placentera. Una vez que todos los invitados hayan ocupado su lugar, se colocará una mesa donde habrá abundancia de higos, pescado, uvas, pan, olivas y carne de cabritos asada.

Él sabe que la mayoría de sus invitados estarán ansiosos, como él, de examinar al joven y controvertido rabino al que llaman Jesús. Varios de sus compañeros fariseos tienen sus dudas sobre él. Por una parte, porque se asocia con recaudadores de impuestos que no son más que títeres romanos disfrazados de judíos, los cuales se hacen poderosos económicamente exprimiéndole el dinero a su propio pueblo, quedándose con una parte y entregándoles el resto a los romanos. Y por la otra, porque sus discípulos lucen inmaduros y toscos, rudos pescadores sin educación que están siempre comiendo y bebiendo, pero que no ayunan nunca. En realidad, se les ha visto recogiendo granos de trigo y comiéndolo el sábado. ¿Y por qué, cuando hay seis días a la semana para trabajar, tendría Jesús que escoger el séptimo día para profanarlo sanando a un hombre con la mano paralizada como había hecho recientemente?

Aun así, Jesús atrae a multitudes cada vez más grandes de gente sin educación que pide a gritos el siguiente milagro. El número de sus seguidores ha crecido tan rápidamente que algunos fariseos han venido de Jerusalén para observar el fenómeno de cerca. Simón ha estado hablando con estos hombres. Él conoce sus preocupaciones.

Últimamente, otra historia sensacional ha venido circulando. Hace pocos días, dicen, Jesús sanó a un paralítico que fue bajado a través del techo de la casa donde se encontraba. Simón no tiene ningún problema con que un sabio posea poderes curativos, pero Jesús tuvo la audacia de decirle al hombre que sus pecados eran perdonados, una blasfemia obvia, ya que solo Dios puede perdonar pecados.

Simón ha invitado al rabino a su casa para verlo con sus propios ojos, ponerlo a prueba y descubrir exactamente lo que ha hecho. Quizás las historias que la gente ha estado contando sobre él no sean del todo ciertas. Jesús es joven. Todavía puede haber tiempo de dirigirlo al camino correcto.

Lo habitual es que Simón honre a sus invitados dándole a cada uno un beso de bienvenida. Y les provea agua para quitar el polvo de sus pies, aceite de oliva que sirve como jabón para las manos, y ungüento para ungir la cabeza.

Sin embargo, ¿cómo recibirá a Jesús? ¿Cómo le dará la bienvenida a este rabino tan popular cuando llegue? Disfrutar de la visita de un sabio es un gran honor. ¿Pero y si las enseñanzas del rabino son cuestionables? Simón ha pensado mucho en esto y ha decidido que una bienvenida demasiado cálida podría ser malinterpretada. Sus otros invitados podrían sacar conclusiones equivocadas.

Mientras tanto, la joven sigue esperando, sentada tranquilamente en una esquina de la habitación. Simón parece ajeno a su presencia. No obstante, ella se percata de todo y de todos. Para pasar el tiempo, su mente se vuelve atrás a su primer encuentro con el rabino. Ella era una entre cientos de personas que estaban ansiosas por verlo realizar maravillas y oírlo predicar. En medio de la enorme multitud, le pareció como si estuviera dirigiéndose solo a ella.

«Dichosos ustedes los pobres,
   porque el reino de Dios les pertenece.
Dichosos ustedes que ahora pasan hambre,
   porque serán saciados.
Dichosos ustedes que ahora lloran,
   porque luego habrán de reír.
Dichosos ustedes cuando los odien,
   cuando los discriminen,
   los insulten y los desprestigien
      por causa del Hijo del hombre».

«No juzguen, y no se les juzgará. No condenen, y no se les condenará. Perdonen, y se les perdonará».

A través de la multitud, el viento lleva su voz hasta donde ella está. Sus palabras caen fuertes, claras y directas en su alma. Ella comienza a orar en voz alta. Muchos otros en la multitud están haciendo lo mismo, mientras las lágrimas ruedan por sus mejillas.

¿Qué es esta presencia cálida y envolvente que está sintiendo? Es la *shekinah*[*] de Dios que ha descendido sobre ella y muchos otros. Ya no tiene miedo de enfrentar y recordar sus pecados por nombre, sino que los trae a la mente uno por uno y luego los deja en manos de Dios. Hay mucho que admitir y entregar. Rebelión, dolor, rabia, infidelidad.

También empiezan a pasar nombres por sus labios. Ve las caras de los hombres que pagaron por acostarse con ella. Son una multitud. En este momento sagrado, encuentra la fuerza para poner a cada hombre en las manos de Dios. Ella ha sido el objeto de su lujuria, y ahora van a ser objeto de la misericordia de Dios. Al tiempo que va perdonándolos uno por uno,

---

[*] *Shekinah* es una palabra hebrea que se refiere a la presencia de Dios habitando con su pueblo. Aunque no es una palabra que aparezca en la Biblia, los judíos la usaban para designar la presencia de Dios en la historia de Israel.

el sentimiento de que carece de valor se va esfumando dentro de ella y es sustituido por una sensación de paz y libertad.

Oye las palabras de Jesús de nuevo: «Amen a sus enemigos, háganles bien y denles prestado sin esperar nada a cambio. Así tendrán una gran recompensa y serán hijos del Altísimo, porque él es bondadoso con los ingratos y malvados. Sean compasivos, así como su Padre es compasivo».

El mensaje que ella ha recibido es que Dios ama a los pecadores, algo tan maravilloso que ha cambiado su vida. Hasta ahora solo había esperado el desprecio de Dios. Sin embargo, el hecho de que pudiera quererla y llamarla suya hizo que su mundo diera un vuelco.

Sus pensamientos son interrumpidos por la llegada de Jesús a la casa de Simón. Ahora no hay gente que los separe, solo un pequeño grupo de hombres que habla con Simón. No deja de observarlo mientras entra a la habitación. Para su sorpresa, no hay una bienvenida según la costumbre: ni beso, ni agua para los pies, ni aceite para la cabeza. Simón simplemente le hace un movimiento de cabeza a su invitado a modo de bienvenida y luego se vuelve, dándole la espalda sin dejar de hablar con los demás comensales.

El insulto es obvio. Ella siente la atmósfera tensa que se ha posesionado de la habitación. Todo el mundo espera que el joven rabino reaccione, tal vez explotando o sacudiéndose el polvo de sus pies y marchándose ofendido de la casa del fariseo. ¿Qué hará?

Está acostumbrada a los desaires de hombres como Simón. Incluso los que pagan por el privilegio de abusar de su cuerpo mantienen la pretensión de una vida justa, dándose ínfulas en los lugares públicos. No obstante, nunca había visto que se tratara así a un rabino. La hospitalidad ha sido siempre una obligación sagrada. Tratar a un huésped de esa manera es vergonzoso.

Ella lo siente fuertemente, como si Jesús acabara de ser abofeteado y el dolor se irradiara a través del cuarto y terminara posándose en sus mejillas. Su faz se enrojece ante tal insulto.

Sin embargo, Jesús no muestra signos de haberse molestado. En lugar de darles la espalda a los que están allí reunidos como podría haberse esperado de cualquiera, simplemente se dirige hacia uno de los sofás y se reclina, esperando el comienzo de la cena. Con todo, tal acto en sí mismo resulta impactante, ya que siempre el que se reclina primero es el más viejo y sabio, mientras que el resto de los invitados lo va imitando según el orden de antigüedad. Siendo uno de los más jóvenes en la sala, Jesús acaba de hacer una afirmación contundente.

Para ella, ha llegado el momento de actuar; así que deja su lugar junto a la pared, ofendida por la forma en que se ha tratado a su querido rabino, y se dirige hacia donde él se encuentra. Tenía la intención de ungirle las manos y la cabeza con el perfume como una forma de agradecerle su regalo del perdón, pero como ya está reclinado, solo puede alcanzar sus pies. Sintiendo el rechazo que él debe estar experimentando, se arrodilla a sus pies y rompe a llorar, y acto seguido hace lo impensable. Se lleva las manos a la cabellera, se suelta sus largos mechones, y los usa para secar las lágrimas derramadas en los pies del rabino. Luego los besa y los unge con el perfume. Con este gesto dramático, demasiado íntimo para una exhibición pública, ella comparte su humillación y lleva a cabo un acto que su anfitrión ha ignorado deliberadamente.

«¡Qué asco!», piensa Simón. «Es evidente que mis aprehensiones con respecto a este rabino estaban bien fundadas». Él sabe que ninguna mujer que se respete a sí misma va a mostrarle el cabello a su marido sino hasta la noche de bodas. Simón ve su gesto como una declaración de intimidad.

«Si este hombre fuera profeta, sabría quién es la que lo está tocando, y qué clase de mujer es: una pecadora», dice para sí mismo. Sin embargo, en lugar de reprenderla, Jesús parece conmovido por el gesto de la mujer.

Como si leyera sus pensamientos, se dirige a Simón y le dice:

—Simón, tengo algo que decirte.

—Dime, maestro.

—Dos hombres le debían dinero a cierto prestamista. Uno le debía quinientas monedas de plata, y el otro cincuenta. Como no tenían con qué pagarle, les perdonó la deuda a los dos. Ahora bien, ¿cuál de los dos lo amará más?

Simón sabe que quinientos denarios es un montón de dinero, dos años de salario para un trabajador, mientras que cincuenta denarios representan solo dos meses de trabajo. De modo que su respuesta es la que se esperaba:

—Supongo que aquel a quien más le perdonó.

—Has juzgado bien —le contesta Jesús. Y por el tono con el que lo dice, Simón sospecha que el rabino también está infiriendo que él no siempre ha juzgado correctamente.

Volviéndose hacia la mujer que se ha expuesto a las burlas por él, Jesús continúa.

—¿Ves a esta mujer, Simón?

La pregunta lo obliga a dirigir su mirada por primera vez a la mujer.

—Cuando entré en tu casa, no me diste agua para los pies, pero ella me ha bañado los pies en lágrimas y me los ha secado con sus cabellos. Tú no me besaste, pero ella, desde que entré, no ha dejado de besarme los pies. Tú no me ungiste la cabeza con aceite, pero ella me ungió los pies con perfume. Por esto te digo: si ella ha amado mucho, es que sus muchos pecados le han sido perdonados. Pero a quien poco se le perdona, poco ama.

Luego Jesús vuelve su atención a la mujer, que está todavía de rodillas.

—Tus pecados quedan perdonados —le dice—. Tu fe te ha salvado; vete en paz.

Y ella se va.

Los invitados comienzan a murmurar, diciéndose entre sí: «¿Quién es éste, que hasta perdona pecados?».

Más tarde, Simón se pregunta lo mismo. Aunque sigue creyendo que él tiene la razón, no deja de sentirse confundido. Sus labios comienzan a temblar ligeramente. Se siente fuera de balance. Una pequeña lágrima corre por su mejilla. Aunque trata de encontrarle sentido a lo que ha ocurrido, se da cuenta de que no puede manejarlo, y sigue preguntándose «¿Quién es este hombre que ofrece perdonar mis pecados?».[*]

LOS TIEMPOS

Su historia tiene lugar en alguna época entre los años 26 y 30 A.D.

La historia de esta mujer se encuentra en Lucas 7.36-50.

En el Oriente Medio, la hospitalidad ha sido siempre algo sagrado. Negarla se consideraba una ofensa grave.

Con frecuencia, las comidas eran algo relajado, especialmente si a los invitados se les ofrecía alguna forma de entretenimiento. Comer con

---

[*] Estoy en deuda con Kenneth E. Bailey por sus fascinantes interpretaciones de esta historia en su libro *Jesus through Middle Eastern Eyes* (Downers Grove, IL: InterVarsity Press, 2008), pp. 239-60. Aunque Bailey no especula sobre si Simón mostró señales de arrepentimiento como yo lo he hecho en esta historia, él es claro en señalar que la historia de Jesús afirma que Simón habla del perdón que se extiende tanto a las personas con una gran deuda como a aquellos que tienen una deuda pequeña, implicando que Simón es la persona con la deuda más pequeña.

alguien significaba que se disfrutaba de una buena relación, que había paz entre los participantes, de ahí que los religiosos se escandalizaran tanto cuando Jesús comía con pecadores reconocidos.

En lugar de sentarse a la mesa como lo hacemos hoy, los invitados se sentaban en esteras sobre el piso o se reclinaban en divanes. Al menos un erudito* cree que cuando participaron en la última cena antes de su muerte, Jesús y sus discípulos lo hicieron reclinados en esteras y divanes a ras de suelo en lugar de en sofás elevados. A veces, en las comidas formales, los invitados se reclinaban en un *triclinium*, que era un área de divanes arreglados en forma de U. La comida se servía en bandejas removibles que se colocaban sobre mesas de tres patas. En lugar de cubiertos, se usaban pedazos de pan que cumplían las funciones de cucharas y la comida se extraía de una escudilla común.

Era responsabilidad del anfitrión no solo preocuparse de los invitados y protegerlos de cualquier daño, sino defenderlos con su vida si era necesario.

Con estos datos como trasfondo, podemos ver la historia con mayor claridad. Simón no solo se negó a darle el beso de bienvenida a Jesús cuando entró a su casa, sino que prescindió de las cortesías más elementales, como proveerle agua y aceite para la cabeza y los pies. Al no ofrecer estas formalidades, especialmente tratándose de un rabino, Simón cayó en un hiriente insulto público.

Sin embargo, ¿qué estaba haciendo una prostituta en la casa de un fariseo, un hombre que la consideraba indigna de su mesa? Una práctica común para dar muestras de magnanimidad era invitar a una comida formal a la gente marginada. No obstante, a estos parias se les permitía comer solo una vez que todos los invitados hubieran terminado. En lugar de imponer su presencia en la fiesta, esta mujer pudo humillarse identificándose con los marginados, exponiéndose así al ridículo debido a su deseo de agradecerle a Jesús todo lo que había hecho por ella.

---

* El Dr. Steven Notley, mencionado en Ann Spangler y Lois Twerberg, *Sitting at the Feet of Rabbí Jesus* (Grand Rapids: Zondervan, 2009), p. 204.

ALGO PARA PENSAR

1. Comente sobre la inversión de papeles que tiene lugar en esta historia cuando un «infractor de la ley» llega a ser el héroe y un «guardador de la ley» parece ser el villano.

2. ¿Qué le dice a usted la historia de esta mujer en cuanto a la tendencia humana a juzgar a otros por las apariencias? ¿Cómo ha experimentado esta tendencia en su propia vida, ya sea juzgando a otros o percibiendo que lo están juzgando a usted?

3. Al pensar en esta historia, dedique unos minutos a considerar con cuál de los personajes se identifica más. ¿Con un pordiosero apoyado en la pared mientras observa cómo se desarrolla la escena? ¿Con el anfitrión tratando de poner al joven rabino en su lugar? ¿Con uno de los invitados? ¿O con la propia mujer? ¿Qué lo hace identificarse con tal persona?

4. ¿Ha amado usted alguna vez tanto a alguien que no le importaba lo que los demás pensaran? ¿Cómo se vería su relación con Cristo si lo amara intensamente?

5. Esta historia destaca el hecho de que la fe no es meramente algo que *pensamos*, sino algo que *hacemos*. Comparta brevemente alguna experiencia que le permitió expresar su fe mediante la acción. ¿De qué maneras, si es el caso, lo puso su comportamiento en riesgo de recibir la desaprobación de los demás (como le sucedió a la mujer cuando lavó los pies de Jesús con sus lágrimas)?

6. Jesús afirma que aquellos que han sido perdonados mucho aman mucho. Piense por un momento si en su vida hay pecados que aún no ha admitido, incluso a usted mismo. Deje que la historia de esta mujer lo anime a revelarle a Dios todo lo que hay en su corazón.

CAPÍTULO 20

Una endemoniada terrible

LA HISTORIA DE MARÍA MAGDALENA

Cómo una mujer endemoniada llegó a ser una discípula fiel

Y le llevaban todos los que padecían de diversas enfermedades,
los que sufrían de dolores graves, los endemoniados,
los epilépticos y los paralíticos, y él los sanaba.
Mateo 4.24

Él está lo suficiente cerca como para percibir el olor de su cuerpo sin bañar y ver la mugre apelmazada debajo de sus uñas. Hebras grasientas de pelo se asoman por debajo de un pañuelo que le enmarca el rostro, el cual parece mucho más viejo de lo que es. Ella está sentada en las sombras, meciéndose rítmicamente y mirando hacia donde él está; sin embargo, posa sus ojos más allá de su persona, como si el hombre no estuviese ahí. Él la observa mientras ella se agarra la garganta, tratando en vano de acallar las voces que surgen de su interior completamente fuera de su control.

Sus ataques llegan como ráfagas. Los vendavales de risa chillona son seguidos de lamentos en alta voz y luego de un largo período de susurros, como si estuviera hablando con fantasmas que nadie más que ella puede ver. Él percibe los sucesivos cambios de tono, unos seguidos de otros en rápida sucesión. Este es bajo y amenazador, y el siguiente resulta estridente y zalamero. Los demonios que viven dentro de ella gruñen, pelean y se muerden unos a otros en una maraña infernal.

La aldea de Magdala está acostumbrada a los ataques de María. La gente dice que está loca, desesperada y más allá de cualquier ayuda que se le pudiera brindar. Seguramente habrá cometido terribles pecados para merecer semejante tormento. Incapaces de comprenderla, las personas simplemente la ignoran. Todos excepto los niños, quienes le temen y guardan una prudente distancia. Algunos, cuando se tropiezan con ella, la insultan y le gritan «¡Mujer del diablo!» o «¡Bruja!».

Sin embargo, ella no es una bruja. Es solo un alma torturada cuya mente ha descendido a los infiernos mientras su cuerpo sigue en la tierra.

Jesús sabe esto. Es por eso que ha venido a salvarla. A medida que se le aproxima, ella recoge un puñado de piedras de un pequeño montículo que hay cerca. No obstante, antes de que pueda lanzarle la primera, se oye una voz potente, fuerte y clara: «¡Fuera!».

Su voz tiene tal autoridad que ella se sacude al mismo tiempo que siente que el suelo donde está parada retumba y comienza a temblar. Pero en lugar de abrirse la tierra y tragársela, arrastrándola a la muerte como la mujer cree que debería ocurrir, algo muy dentro de ella estalla, un lugar cerrado lleno de miedo. Entonces, con un estremecimiento, siente que salen de su interior. Antes de que pueda darse cuenta de lo que ha sucedido, escucha gritos de rabia mezclada con terror. Desprovistos del cuerpo que habitaban, los demonios aúllan y se desvanecen.

Un gran peso de angustia se le ha quitado de encima a la mujer, y de nuevo es ella misma. ¿Cuánto tiempo ha estado atrapada por aquella oscuridad que había tomado posesión de su alma? No lo puede decir. Lo único que sabe es que las cadenas que la habían tenido atada se han roto. Se siente tan ligera que cree que puede flotar en el aire.

«María», le dice Jesús, atrayéndola a sí. Ahora su voz es tierna, como si la hubiera conocido de toda la vida. Cuando toma las manos que se extienden ante ella, ve en su expresión solo un amor y una misericordia tan profundos y amplios que no los puede dimensionar. Las lágrimas comienzan a rodar suavemente por su rostro y una sonrisa ilumina su faz, la primera en muchos años.

Meses más tarde, ella se ha convertido en una especie de celebridad. «¡Allí está!», la señalan mientras procuran abrirse paso hacia el grupo de discípulos que va caminando con Jesús. No se pueden imaginar cómo una mujer como ella, tan imponente, esbelta y dueña de sí misma, pudo haber estado perdida en tanta oscuridad. Sin embargo, muchos han escuchado la historia de labios de testigos oculares y miembros de la familia que estuvieron presentes cuando se produjo el milagro.

Ahora María de Magdala viaja libremente junto con aquellos que acompañan a los discípulos más cercanos de Jesús. Juana, Susana y varias otras mujeres se encargan de los gastos de Jesús acudiendo a sus propias carteras.[*] Dondequiera que van, son tema de conversación. Ver a un grupo de hombres y mujeres viajando de pueblo en pueblo y acompañando a su rabino, más que sorprendente, resulta chocante, algo que indigna a algunos,[†] que lo ven como otra razón para oponerse al controvertido rabino.

---

[*] Que Jesús tenía discípulos mujeres lo atestiguan Mateo 12.48-50; Lucas 8.1-3; 10.38; y Hechos 9.36.

[†] Aunque los Evangelios no dicen nada sobre si alguien se habría escandalizado por el hecho de que discípulos mujeres viajaban con Jesús y sus discípulos varones, es probable que la escena social presentada en los Evangelios haya sido algo fuera de lo común. Véase Kenneth E. Bailey, *Jesus through Middle Eastern Eyes* (Downers Grove, IL: InterVarsity Press, 2008), pp. 192-93.

En cuanto a las mujeres, normalmente solo viajan en compañía de hombres a los que no las une ningún vínculo afectivo cuando es posible pasar la noche con algunos familiares.

Sin embargo, María no se preocupa por las formalidades o dónde va a pernoctar. Ella simplemente quiere estar con Jesús, expresarle su amor, servirle y aprender de él y seguirle. Por lo tanto, ella está en el monte cuando él multiplica los panes para darles de comer a cinco mil personas, y luego cuando asombra a pobres y ricos declarando que los primeros serán los últimos y los últimos serán los primeros. Lo observa cuando abre los ojos del ciego y pone al cojo a caminar. Cada vez que Jesús expulsa a algún demonio, ella es la primera en compartir su historia y orar con aquellos que han sido liberados. Siendo una líder entre las mujeres, les da ánimo a todos con su fe.

María ha estado viajando a lo largo y ancho de Galilea y Judea con Jesús y los otros discípulos. Ahora se dirigen a Jerusalén para la fiesta de la Pascua. La ciudad está convertida en un hervidero de fervor político y religioso. Acompañados de una abigarrada multitud, caminan cerca del Monte de los Olivos. Jesús va montado en un burro, símbolo de humildad, lo que indica que va a ascender a su trono por medios pacíficos en lugar de por medios violentos. Las voces de la multitud que lo aclama gritan:

«¡Hosanna al Hijo de David!».

«¡Bendito el que viene en el nombre del Señor!».

«¡Hosanna en las alturas!».

María se siente emocionada ante una entrada tan triunfal en la ciudad, mientras camina sobre mantos y ramas de palma que la gente ha lanzado al camino por donde pasará Jesús. A pesar del hecho de que Jesús se ha encontrado con una oposición obstinada por parte de la élite religiosa, la gente común lo aclama como el rey de Israel largamente deseado. Ella se pregunta qué les depararán los próximos días y qué maravillosa obra hará Dios para establecer a Jesús en el trono.

Aunque María es consciente de los riesgos políticos, está segura de que nada es imposible para Dios. ¿No han hablado los profetas de este día? ¿No ha realizado Dios milagros y prodigios que apuntan al hecho de que Jesús es el Mesías que todos han estado esperando?

En medio de su júbilo, María no se puede imaginar que en tan solo unos días pasará a ser parte de otro grupo, una gran multitud de gente que acompañará a Jesús de nuevo, pero esta vez será en su salida de la ciudad hasta el lugar de su ejecución.

Junto con miles de peregrinos, María permanece en Jerusalén para celebrar la gran fiesta de la Pascua. Al igual que el resto de su pueblo, ella conmemorará la liberación de Dios recordando las maravillas que él hizo para ellos en Egipto, rescatándolos de la mano de sus opresores y conduciéndolos a la tierra prometida. Es un tiempo de fiesta y celebración que durará hasta bien entrada la noche.

Cuando María finalmente se despierta, no es por los rumores de gloria, sino por un desastre inimaginable. Se entera de que el Señor ha sido arrestado, juzgado, azotado y sentenciado a muerte. Ahora mismo está siendo llevado hasta la cantera* fuera de los muros† de la ciudad, donde se crucifica a los criminales.

Se apresura a unirse a la multitud que va aumentando rápidamente. Confía en que los rumores que le han llegado sean falsos. A medida que se abre paso entre la multitud, trata de ubicar a los discípulos de Jesús, pero no ve a la mayor parte de ellos.‡ Luego logra divisar a sus amigos: María la madre de Jesús, Salomé, María la madre de Santiago y José. Observa cómo se aferran unos a otros, inconsolables. Jesús está de espaldas en el suelo a pocos metros de distancia de ellos. Le han puesto sobre sus hombros una pesada viga y su túnica está empapada de sangre. En la cabeza lleva una corona de espinas.

«¡Levántate, rey!», le gritan los soldados, agarrándolo de un brazo y tirando de él para ponerlo de pie. Jesús se tambalea, lo que hace que las

---

* Los Evangelios indican que Jesús fue crucificado en el Gólgota, o «el lugar de la calavera». Aunque no conocemos la ubicación exacta, la Iglesia del Santo Sepulcro, construida en el siglo cuarto, marca hoy el lugar probable. En el tiempo de Jesús, esta pudo haber sido una cantera abandonada de forma oval donde había por igual tumbas y jardines. Véase David E. Garland, «Mark», Zondervan *Illustrated Bible Backgrounds Commentary*, ed. Clinton E. Arnold (Grand Rapids: Zondervan, 2002), 1:298-99.

† Tanto la ley romana como la judía mandaban que las crucifixiones se hicieran fuera de las murallas de la ciudad. Por lo general, los romanos plantaban cruces a lo largo de los caminos altamente transitados para que esta horrible forma de ejecución sirviera como disuasivo a los posibles criminales y agitadores.

‡ El Evangelio de Juan es el único de los cuatro Evangelios que indica que alguno de los doce discípulos estuvo presente. Véase Juan 19.27.

mujeres traten de romper el cerco de la multitud para llegar hasta él. Sin embargo, los soldados se lo impiden, empujándolas hacia atrás. Sus gritos de angustia son ahogados por el rugido ensordecedor de la multitud.

María coge la mano de Salomé y las dos tratan de avanzar hacia el lugar de la crucifixión. Observa cómo despojan a Jesús de sus ropas[*] y lo clavan a la viga transversal, que luego es atada a un poste alto que ya se encuentra enterrado en el suelo.[†] Los soldados presionan sus piernas a uno y otro lado del madero, hundiendo largos clavos en sus tobillos para asegurarlo a la cruz.[‡]

La escena es tan horrible que muchos de los que la presencian se inclinan, incapaces de controlar sus náuseas. Aunque María ha visto a innumerables hombres crucificados junto a los caminos, nunca ha estado tan cerca de uno. Incapaz de ahorrarse el dolor que padece su Señor, mantiene la mirada fija hacia delante junto a las otras mujeres que observan y esperan. La gente que entra y sale de la ciudad a lo largo de la concurrida carretera que bordea la cantera se detiene a mirar, agita la cabeza y lanza burlas contra Jesús. «Tú, que destruyes el templo y en tres días lo reconstruyes, ¡sálvate a ti mismo! ¡Si eres el Hijo de Dios, baja de la cruz!». Y se echan a reír.

Los sacerdotes y los ancianos también ríen. Y dicen: «¡Salvó a otros, pero no puede salvarse a sí mismo! Él confía en Dios; pues que lo libre Dios ahora, si de veras lo quiere».

María desea abofetearlos, gritarles en la cara que él es la verdad y decirles que de todos los necios que hay en el mundo, ellos son los peores. Sin embargo, antes de que pueda hacer nada, una espesa oscuridad desciende sobre el lugar cubriéndolo todo. Su corazón siente el peso de un dolor demasiado profundo como para decir algo. A pesar de lo que está sufriendo, sabe que no se alejará de allí. ¿Cómo podría abandonar a su liberador cuando no hay nadie que lo libere a él?

---

[*] Aunque a menudo las víctimas eran crucificadas desnudas, los romanos eran conscientes de los escrúpulos judíos sobre la desnudez, por lo que es probable que hayan permitido que Jesús conservara un taparrabo. Véase David E. Garland, «Mark», 1:301.

[†] La madera era escasa, por lo que es posible que las piezas transversales de la cruz se usaran más de una vez. Estas vigas las tenía que cargar la persona condenada hasta el lugar de la ejecución y luego eran integradas a un poste vertical o árbol que ya estaba allí.

[‡] Las cruces podían tener forma de X, Y, I o T. Véase nota en Juan 19.17, *Archeological Study Bible*, ed. Walter C. Kaiser Jr. (Grand Rapids: Zondervan, 2005), p. 1758.

Después de un largo rato, escucha a Jesús clamando a gran voz: «*Elí, Elí, ¿lama sabactani?* (que significa: "Dios mío, Dios mío, ¿por qué me has desamparado?")».

Ella siente ahora la agonía que trató de mantener alejada de su corazón. La pregunta que no puede contener, explota: «¿Dónde está Abba? ¿Cómo puede abandonar a su Hijo amado al tormento de la cruz?».

A través de las sombras ve a hombres en movimiento. Levantan una esponja empapada en vino y adherida a un palo y se la ofrecen a Jesús. Luego oye a Jesús exclamar de nuevo en alta voz: «¡Padre, en tus manos encomiendo mi espíritu!». Su cabeza cae sobre su pecho al tiempo que exhala su último aliento.

Antes de que María y las otras mujeres puedan expresar su dolor, la tierra comienza a temblar y retumbar. Enormes rocas son sacadas de su sitio. Grietas se abren en la tierra. Aquellos que solo unos momentos antes habían estado burlándose de Jesús ahora se acurrucan en la oscuridad que los rodea.

Cuando finalmente la tierra se calma, se escabullen, uno tras uno. Ahora solo las mujeres se quedan junto a unos pocos soldados romanos que deben proteger el cuerpo. Cuando cae la tarde, un discípulo secreto de Jesús se presenta en el lugar, un hombre rico llamado José de Arimatea. Ha obtenido permiso para retirar el cuerpo de la cruz y llevarlo a una tumba recién cavada a un lado de la cantera. María observa. Está agradecida de que al menos Jesús no va a sufrir la desdicha de un entierro vergonzoso, su cuerpo no será arrojado a una fosa común junto con criminales que ya han sido o serán ejecutados.

Sentada frente al sepulcro, observa cómo preparan cuidadosamente a Jesús para su descanso. Cargados con especias,[*] José y Nicodemo, un miembro del concilio de los gobernantes judío y seguidor secreto de Jesús, se agachan para entrar a la tumba. Amortajan el cuerpo, envolviéndolo en telas de lino como es la costumbre. Una vez que han terminado, sellan la tumba haciendo rodar una gran piedra para cerrar la entrada y así evitar que penetren los animales.

---

[*] Juan 19.39 indica que Nicodemo llevó unas setenta y cinco libras de mirra y áloe, una impresionante cantidad muy similar a la que se usaba en los entierros reales. Véase nota en Juan 19.39, *Archeological Study Bible*, p. 1769.

Esa noche María apenas duerme. Experimenta un sueño tras otro. Le parece escuchar las voces estridentes y chillonas de sus antiguos atormentadores golpeándole el corazón. Ellos se mofan y le dicen triunfantes que han ganado y pronto volverán a vivir en ella para siempre. Ahora nadie podrá ayudarla.

No obstante, el amor de Dios crea una barrera que ellos no pueden traspasar.

El domingo, María se levanta temprano, antes del amanecer, y se apresura a ir a la tumba de Jesús con otras dos mujeres: Salomé y María, la madre de Jacobo. Es lo único que se les ocurre hacer. Llevan especias para ungir el cuerpo. Yendo poco después de la salida del sol, se acuerdan de la gran piedra que cubre la entrada a la tumba. ¿Quién podrá quitarla para que ellas puedan entrar?

Sin embargo, no hay necesidad de preocuparse, porque la piedra ya ha sido removida. Mirando dentro, María ve que el cuerpo de Jesús no está. ¡Alguien se lo ha robado! Corriendo regresa a la ciudad, se encuentra con Pedro y Juan, y les dice: «¡Se han llevado del sepulcro al Señor, y no sabemos dónde lo han puesto!».

A toda carrera, Pedro y Juan se dirigen a la tumba. Pedro entra primero. Ve los lienzos en el suelo y el sudario que habían puesto en la cabeza de Jesús a un lado delicadamente doblado.

Entonces Pedro y Juan regresan a la ciudad, mientras María permanece en la tumba, llorando. Al inclinarse para mirar dentro, se asusta al ver a dos ángeles con vestiduras blancas resplandecientes sentados en la cornisa donde habían puesto el cuerpo de Jesús.

—¿Por qué lloras, mujer? —le preguntan.

—Es que se han llevado a mi Señor, y no sé dónde lo han puesto —les responde.

Luego, desde detrás de ella, otra voz le pregunta:

—¿Por qué lloras, mujer? ¿A quién buscas?

Dándose la vuelta, ve a un hombre que cree debe ser el jardinero. Con una voz de súplica, le dice:

—Señor, si usted se lo ha llevado, dígame dónde lo ha puesto, y yo iré por él.

Aunque María se había sentido impotente para impedir la muerte tan vergonzosa de Jesús, haría cualquier cosa para asegurarse de que fuera tratado con dignidad en su muerte.

Luego, una sola palabra la desarma.

—María —le dice el hombre, y la ternura en su voz es inconfundible.

—¡Raboni! —exclama ella.

Antes de que se acerque y lo toque, Jesús le indica:

—Suéltame, porque todavía no he vuelto al Padre. Ve más bien a mis hermanos y diles: "Vuelvo a mi Padre, que es Padre de ustedes; a mi Dios, que es Dios de ustedes".

De repente, la oscuridad que había estado acechando a María durante los últimos tres días se levanta y una explosión de alegría llena su alma. ¡Jesús está vivo! ¡La muerte ha sido derrotada! ¡Ahora todo es posible!

Así es como María Magdalena, la mujer de quien Jesús había expulsado siete demonios, es elegida por Dios para estar presente en el momento en que el acontecimiento más grande en la historia del mundo llega a su clímax. Amando a Jesús en la más amarga de las amarguras, ella es la primera persona en recibir el honor de compartir las buenas nuevas de su resurrección de entre los muertos, diciéndoles a los demás: «¡He visto al Señor!».

LOS TIEMPOS

Su historia probablemente se ubica entre los años 27 y 30 A.D.

La historia de María Magdalena se encuentra en Mateo 27.56, 61; Marcos 15.40, 47;
16.1-11; Lucas 8.2; 24.10; Juan 19.25; 20.1-18.

En el antiguo Cercano Oriente era común la creencia en los demonios y el poder de los encantamientos mágicos y los amuletos. En contraste, la Biblia desalienta el uso de la magia o el intento de entrar en contacto con los espíritus. Tanto el Antiguo como el Nuevo Testamento dejan claro que solo Dios tiene el poder absoluto sobre los espíritus malignos. Es notorio que cuando Jesús liberó a María y a otros de los malos espíritus, lo hizo basándose en su autoridad y no mediante el uso de hechizos u objetos mágicos.

A lo largo de los siglos, muchos escritores han representado erróneamente a María Magdalena como una prostituta, confundiéndola con la mujer que vivió una vida de pecado y lavó los pies de Jesús con sus lágrimas. Sin embargo, los evangelios simplemente la identifican como una mujer que es víctima de la posesión demoníaca. Después de su liberación, se convirtió en una devota discípula de Jesús, viajando con él junto a otros de sus seguidores, tanto hombres como mujeres. Algunos eruditos creen que pudo haber sido una líder de la iglesia primitiva. Su nombre se conserva en los cuatro Evangelios, y además se le menciona de primera en la lista de mujeres discípulos de Lucas 8.1-3 y de primera entre las mujeres nombradas en Marcos 16.1.

María Magdalena fue también el testigo más importante de la muerte, sepultura y resurrección de Jesús. Dado que a principios del siglo primero en Israel a las mujeres no se las consideraba testigos confiables, muchos eruditos ven esto como una mayor evidencia de la veracidad del Nuevo Testamento. Señalan que ningún escritor en aquel período habría incluido voluntariamente dicha información a menos que fuera cierta.

Aunque la mayoría de los discípulos huyeron una vez que Jesús fue arrestado y juzgado, María y varias otras mujeres estuvieron con él durante la crucifixión. Como una mujer que se mantuvo fiel a Jesús a lo largo de su crucifixión, muerte, sepultura y resurrección, María Magdalena es un modelo de lo que significa seguir al Señor.

Cuando los romanos crucificaban a sublevados o criminales, por lo general dejaban que sus cuerpos se descompusieran en la cruz para que sirvieran de vergüenza y advertencia a otros descontentos. Sin embargo, la práctica judía era sepultar los cuerpos el mismo día de su muerte.

A la gente común se le enterraba en fosas poco profundas, mientras que a los ricos se los sepultaba en tumbas familiares labradas en la roca. Generalmente, estas consistían en cámaras subterráneas a las que se accedía a través de una entrada baja y sellada por una piedra para impedir el paso de los animales. El cuerpo era depositado en una especie de cornisa cortada en la roca misma, se ungía con aceite y especias, y luego se envolvía con tela de lino. La mandíbula podía mantenerse en su lugar mediante una pieza separada de tela que se le enrollaba alrededor de la cabeza, y el cuerpo entero podía entonces ser envuelto en un sudario.

Entre los judíos, así como en muchos otros pueblos, las prácticas funerarias eran extremadamente importantes. Un cuerpo que se dejara a la intemperie en lugar de ser sepultado de forma honorable era considerado una vergüenza y una tragedia.

ALGO PARA PENSAR

1. La experiencia de María con Jesús presenta un dramático «antes y después». ¿Cómo su propio encuentro con Jesús cambió su vida? Comente otros «antes y después» de personas que conozca y se han encontrado con Jesús de una forma profunda.

2. María se convirtió en una devota de Jesús. En sus propias palabras, describa lo que usted piensa que significa ser un seguidor de Cristo.

3. ¿Qué obligó a María y las otras mujeres a permanecer junto a la cruz? ¿Cree que usted habría tenido la entereza para hacer lo mismo?

4. Frente a la tragedia o las dificultades, es posible que nos sintamos tentados a creer que la oscuridad es más fuerte que la luz. ¿Cómo ha experimentado usted la presencia de Dios en los tiempos de oscuridad personal?

5. Imagínese que Jesús hubiera pronunciado su nombre cuando usted se encontraba junto a la tumba vacía. ¿Cómo se habría sentido? ¿De qué forma esta experiencia impacta su comprensión de quién es Jesús? ¿Y de quién es usted en relación con él?

Índice de Escrituras

Tomado del libro *Mujeres de la Biblia*
de Ann Spangler y Jean Syswerda

Eva

SU NOMBRE SIGNIFICA
«Dadora de vida» o «Madre de todos los que tienen vida»

Su carácter: Vino al mundo en perfecta paz con su Dios y su
                  marido, la única otra persona que habitaba el pla-
                  neta. Vivió en el paraíso, y todo placer imagina-
                  ble le pertenecía. Nunca supo el significado de la
                  vergüenza, el desacuerdo, el dolor, los desvíos, la
                  envidia, la amargura, el luto ni la culpa hasta que
                  escuchó a su enemigo y comenzó a dudar de Dios.

Su dolor: Ser desterrada junto con su marido del paraíso y de
                  la presencia de Dios, y que su hijo mayor fuera un
                  asesino, siendo la víctima su segundo hijo.

Su gozo: Haber gustado alguna vez del paraíso, y que Dios
                  le prometiera que su descendencia en el futuro
                  destruiría a su enemigo.

Escrituras clave: Génesis 1.26-31; 2—4.

Lunes

SU HISTORIA

*L*a mujer se despertó y se estiró; su piel era tersa y flexible como la de un recién nacido. Primero un dedo, luego otro, se movieron con suavidad al explorar el suelo que la acunaba. Podía percibir cierta calidez que la llenaba y cosquilleaba en su garganta al intentar salir, desbordándose en el sonido fuerte y agradable de la risa. Se sintió rodeada como si miles de alegrías y luego un toque la calmaran sin disminuir su gozo.

Al abrir los ojos percibió un Resplandor; sus oídos oyeron una Voz. Y luego una voz más pequeña, como en un eco de alborozada respuesta: «Esta sí es hueso de mis huesos y carne de mi carne. Se llamará "mujer" porque del hombre fue sacada». Adán la abrazó, y la risa de ambos se encontró como arroyos convergentes.

El hombre y la mujer caminaban desnudos, sin avergonzarse, en el paraíso. Ninguna sombra se extendía sobre el Edén, ni desorden alguno ni discordia ni temor.

Luego, un día, una serpiente le preguntó a la mujer: «¿Es verdad que Dios les dijo que no comieran de ningún árbol del jardín?... ¡No es cierto; no van a morir! Dios sabe muy bien que, cuando coman de ese árbol, se les abrirán los ojos y llegarán a ser como Dios, conocedores del bien y del mal».

La mujer escuchó. Recordó el Resplandor y la voz de Dios que la habían llenado de gozo. ¿Podría verdaderamente ser como Dios? Muy presionada por ese deseo, tomó la fruta y luego la compartió con su marido. De pronto la oscuridad se extendió sobre el Edén. No venía de afuera sino de adentro, llenando al hombre y la mujer de sombras, ansias y sufrimiento. El orden cedió ante el desorden, la armonía ante la discordia, la confianza ante el temor.

Muy pronto Adán y Eva escucharon el sonido de su Creador que caminaba en el jardín y se escondieron. Dios llamó a Adán y le dijo:

—¿Dónde estás?

Adán le contestó:

—Escuché que andabas por el jardín, y tuve miedo porque estoy desnudo. Por eso me escondí.

El pecado había metido una cuña en el corazón de ellos, y Dios los expulsó del Edén, pronunciando palabras de juicio primero sobre la astuta serpiente que había tentado a la mujer, y luego sobre ella y su marido. A la maldición emitida sobre la serpiente agregó la siguiente promesa: «Pondré enemistad entre tú y la mujer, y entre tu simiente y la de ella; su simiente te aplastará la cabeza, pero tú le morderás el talón». A la mujer Dios le dijo: «Multiplicaré tus dolores en el parto, y darás a luz a tus hijos con dolor. Desearás a tu marido, y él te dominará».

Entonces Dios advirtió a Adán que tendría una vida de penosos trabajos, y que su fortaleza disminuiría hasta que el mismo polvo del que Dios lo había formado envolviera finalmente su cuerpo. La maldición de la muerte cayó de repente sobre el nuevo mundo.

De modo que el hombre y su esposa se vieron obligados a huir del paraíso, y Adán le puso por nombre Eva, porque sería la madre de todos los vivientes. Pero su primogénito, Caín, se convertiría en un asesino, y su segundo hijo, Abel, en su víctima.

Al pasar los años, un sufrimiento siguió a otro dentro del corazón de la primera mujer, y la última percepción que tenemos de ella nos lleva a imaginarla no como una criatura llena de frescura que surge de la mano de Dios, sino como una mujer en angustias que da a luz otro hijo. Su piel ahora se extiende como pergamino gastado sobre sus miembros, sus manos se prenden como garras a un suelo pedregoso, intentando encontrar algo a lo que se pueda aferrar, cualquier cosa que alivie su dolor. Puede sentir al niño que lleva en su interior, que la llena, y nota que su cuerpo presiona en busca de una vía de escape. Las exclamaciones de madre e hijo se unen como arroyos convergentes. Y nace Set.

Finalmente, al acunar a su hijo contra su pecho, el alivio comienza a esbozarse en el rostro de Eva. Con el descanso, retorna su esperanza; se le dibuja una sonrisa, y finalmente la risa brota de sus labios. Por más que lo intente, no puede contener su gozo. Porque recuerda el Resplandor, la Voz y la promesa que Dios le dio: tarde o temprano, a pesar de muchos sufrimientos, su simiente aplastará a la serpiente. Al final, la mujer vencerá.

Martes

SU VIDA Y SU ÉPOCA

PARTO

*E*va fue la primera mujer en concebir un hijo, la primera en albergar un óvulo fertilizado en su seno. ¿Comprendía el milagro que ocurría en su interior a medida que su vientre se agrandaba y su hijo comenzaba a moverse? ¿Entendía el milagro del amor por un hijo que aún no nació? La Biblia no nos da esas respuestas. Pero sí nos dice que Eva reconocía que la vida estaba bajo el control de Dios. Al nacer Caín exclamó: «¡Con la ayuda del SEÑOR, he tenido un hijo varón!» (Génesis 4.1).

El juicio que Dios pronunció sobre Eva («darás a luz a tus hijos con dolor») sin duda fue exactamente lo que Eva experimentó al dar a luz a su primer hijo. Se trata del proceso al que apropiadamente llamamos trabajo de parto. Lo más probable es que Eva haya soportado el dolor y haya pasado por todo el proceso de parto solo con la ayuda de Adán.

Con el tiempo, las mujeres hebreas recibirían la ayuda de parteras experimentadas que sabían cómo remediar los problemas más comunes en un alumbramiento. La responsabilidad de las parteras luego del parto incluía cortar el cordón umbilical, lavar al recién nacido, frotarlo con sal para limpiarlo y luego envolverlo en pañales.

El taburete de parto* que se menciona en Éxodo 1.16 probablemente fuera un banquillo pequeño sobre el que la parturienta se sentaba en cuclillas a fin de permitir que la fuerza de gravedad ayudara en el proceso del parto. La partera, y posiblemente otras parientes cercanas, sostenían las manos de la madre para brindarle comodidad y también estabilidad al pujar.

Las mujeres han sufrido durante siglos a causa del pecado de Eva. El dolor que sufren al dar a luz a sus hijos las une en el vínculo común de una experiencia compartida. La experiencia consiste en la combinación

---

* N. del T.: Dicho taburete se menciona en la Biblia en inglés pero no aparece en el español.

inusual de lo terrenal y lo sobrenatural. Los dolores, los jadeos, la confusión y el desorden que se relacionan con el nacimiento de un niño pertenecen a lo terrenal, a lo propio de Eva. Pero lo que se da a luz, y el vínculo que se forma entre la madre y el hijo, es sobrenatural, algo que solamente el Creador de la vida puede forjar.

SU LEGADO EN LAS ESCRITURAS

Léase Génesis 2.18-25.

1. ¿Qué necesidades tiene Adán que solo una mujer puede satisfacer?

2. ¿Qué significa ser «una sola carne» en un matrimonio, tanto en lo físico como en lo espiritual?

Léase Génesis 3.1-24.

3. ¿A cuáles deseos y temores apela la serpiente cuando trata de tentar a Eva?

4. ¿Cuáles deseos y temores la vuelven vulnerable ante la tentación?

5. Cuando Eva se ve descubierta después de su pecado ¿de qué modo vive las siguientes experiencias?
Vergüenza
Culpa
Dolor

Jueves

LA PROMESA QUE RECIBE

*P*lantada en medio de la misma maldición que se pronuncia sobre Eva a causa de su pecado hay una promesa maravillosa. Dios le promete a ella y a las generaciones subsiguientes: «Darás a luz a tus hijos» (Génesis 3.16). La gracia y la misericordia de Dios se hacen evidentes de un modo asombroso incluso cuando emite su juicio. Promete que la raza humana continuará a la vez que anuncia que la muerte ahora será inevitable.

A lo largo de las Escrituras, la gracia de Dios a menudo se hace evidente en toda su hermosura dentro de los juicios que emite. Cuando el mundo estaba tan lleno de pecado que tuvo que destruirlo, la gracia de Dios salvó a Noé y a su familia. Cuando los israelitas se rebelaron de manera tan absoluta que el cautiverio resultó inevitable, la gracia de Dios les prometió restauración. Mientras el juicio de Dios caía sobre David por el pecado cometido con Betsabé, la gracia de Dios les dio a Salomón como hijo y sucesor.

Cuando estamos en nuestro punto más bajo, de rodillas ante el juicio de Dios, nunca olvidemos que su gracia aún obra. Y eso es verdaderamente asombroso.

Promesas en las Escrituras

De su plenitud todos hemos recibido gracia sobre gracia.

—JUAN 1.16

Pero allí donde abundó el pecado, sobreabundó la gracia, a fin de que, así como reinó el pecado en la muerte, reine también la gracia que nos trae justificación y vida eterna por medio de Jesucristo nuestro Señor.

—ROMANOS 5.20-21

Viernes

SU LEGADO DE ORACIÓN

Y Dios creó al ser humano a su imagen; lo creó a imagen de Dios. Hombre
y mujer los creó.

—GÉNESIS 1.27

REFLEXIONE SOBRE: Génesis 2.15—25.3.

ALABE A DIOS: Porque la creó a su misma imagen, y la hizo una mujer capaz de reflejar su amor, verdad, fortaleza, bondad, sabiduría y belleza.

DÉ GRACIAS: Porque plantada en medio del mismo juicio de Dios a Adán y Eva está la promesa de un Redentor que aplastará la cabeza de nuestro enemigo, el diablo.

CONFIESE: Su propia tendencia a desdibujar la imagen de Dios en usted al preferir su propia voluntad y no la de él.

PÍDALE A DIOS: Que la ayude a rendirle su vida, a fin de que él pueda cumplir en usted el propósito que tuvo al crearla.

Eleve el corazón

*B*usque un ambiente apacible, rodeado de la belleza de la creación, para meditar sobre lo que debe de haber sido la vida en el jardín del Edén. Piense en cómo sería su vida si experimentara paz en todas sus relaciones, si nunca padeciera dolor físico o emocional, si nunca se sintiera confundida, avergonzada o culpable, y si siempre pudiera experimentar el amor y la amistad de Dios. Permita que su imaginación corra libremente al completar los detalles del propósito original de Dios para su vida y para las personas que ama.

Luego considere lo siguiente: Usted fue hecha para el paraíso. Las alegrías que hoy disfruta son ínfimas en comparación con las que la esperan en el cielo, porque «ningún ojo ha visto, ningún oído ha escuchado, ninguna mente humana ha concebido lo que Dios ha preparado para quienes lo aman» (1 Corintios 2.9).

_____

Padre, dame una mayor comprensión de tu plan original para nuestro mundo. Ayúdame a visualizar su belleza, de modo que pueda vivir constantemente con la conciencia de que intentas restaurar al paraíso a todos los que te pertenecen. Que yo pueda rendir todo pecado y todo dolor a ti, confiando en que tú cumplirás tu propósito para mi vida. Lo pido en el nombre de Jesús. Amén.

Nos agradaría recibir noticias suyas.
Por favor, envíe sus comentarios sobre este libro
a la dirección que aparece a continuación.
Muchas gracias.

Vida@zondervan.com
www.editorialvida.com